Arthur Eloesser

Thomas Mann
Sein Leben und sein Werk

Eloesser, Arthur: Thomas Mann. Sein Leben und sein Werk
Hamburg, SEVERUS Verlag 2013

ISBN: 978-3-86347-497-3
Druck: SEVERUS Verlag, Hamburg, 2013
Lektorat: Vivien Gipmann

Der SEVERUS Verlag ist ein Imprint der Diplomica Verlag GmbH.

Bibliografische Information der Deutschen Nationalbibliothek:
Die Deutsche Nationalbibliothek verzeichnet diese Publikation in der Deutschen Nationalbibliografie; detaillierte bibliografische Daten sind im Internet über http://dnb.d-nb.de abrufbar.

© **SEVERUS Verlag**
http://www.severus-verlag.de, Hamburg 2013
Printed in Germany
Alle Rechte vorbehalten.

Der SEVERUS Verlag übernimmt keine juristische Verantwortung oder irgendeine Haftung für evtl. fehlerhafte Angaben und deren
Folgen.

INHALT

BEGRÜSSUNG 7
KINDHEIT 14
FRÜHLINGSSTURM 24
VOLONTÄR 33
BUDDENBROOKS 53
TONIO KRÖGER 72
FIORENZA 90
KÖNIGLICHE HOHEIT 102
DER TOD IN VENEDIG 113
DER UNPOLITISCHE 122
DER ZAUBERBERG 128
ANHANG 141

BEGRÜSSUNG

Als meine Freunde, die auch die von Thomas Mann sein müssen, von meiner Absicht erfuhren, dem Dichter eine Biographie zu widmen, da beglückwünschten sie mich zu diesem Vorhaben, das sie in der ungezwungenen Literatensprache meistens als famos bezeichneten. Vor allem schien ihnen der Zeitpunkt gut gewählt, nicht nur weil Thomas Mann im Begriff steht, seinen fünfzigsten Geburtstag zu feiern, sondern vor allem, weil er selbst sein Leben und Schaffen mit einem tiefen Einschnitt bezeichnet hat, als er uns mit seinem Zauberberg das große Erzählungswerk unserer deutschen und auch unserer europäischen Zeit gab, ein Werk, mit dem er seine erste Jugend beendet und durch das er sich in eine zweite Jugend durchgeschrieben hat. Die Jugend eines Fünfzigers? Dante hat die Mitte des Lebensweges auf das fünfunddreißigste Jahr gesetzt. Wir werden diese Einteilung berichtigen müssen, auch wenn Thomas Mann selbst nicht so gern mit dem Begriff, der Zeit als mit einer höchst persönlichen Angelegenheit spielte. Für unsere Dramatiker mag das fünfunddreißigste Jahr die Mitte und auch meistens die Höhe des Lebensweges bedeuten, von der es dann herunterzugehen pflegt. Dem Erzähler scheint eine längere Lebensdauer bestimmt zu sein, und wenn wir Thomas Mann auch nicht gerade hundert Jahre anwünschen, er gehört mit seinen Fünfzig, obgleich der Fünfundzwanzigjährige uns die Buddenbrooks schenkte, noch zu den Wachsenden, zu den glücklich Langsamen, zu den nordisch Dauerhaften, die in jeder Jahreszeit des Lebens das Angemessene, das Gereifte, das Erfüllte hervorbringen. Thomas Mann hat einmal von seinem Liebling Theodor Fontane gesagt, daß die Jugend für ihn kein angemessener Zustand gewesen sei. Ich werde mich hüten, dieses Wort auf Fontanes jüngeren und ebenbürtigen Verwandten genau zu übertragen, aber ganz gewiß rechnet er zu der literarischen Familie auch der Ibsen, der Anatole France, die nicht in Sturm dahergekommen sind, zu den Langsamen, Zähen, Geduldigen, die nicht ohne Mißtrauen, nicht ohne Selbstmißhandlung an sich gearbeitet haben, bis sie in eine besondere Vertrauensstellung einrückten. Und die sich vor diesem Ziele — wir haben das nur vergessen — eine gewisse Anzweiflung, einen Anschein von Halbheit oder egoistischer Unzuverlässigkeit gefallen lassen mußten. Bis sie immer mehr repräsentative Gestalten wurden, bis sie, aus allen Widersprüchen der Erfahrung, aus den tausendfältigen Gebrochenheiten des Lebens immer mehr die Idee herausklärend, als Weise, als Führer anerkannt wurden. Thomas Mann ist heute nicht nur ein bewiesenes und zugleich unausgeschöpftes Talent, nicht nur eine sichere hohe Kunstfertigkeit, er ist vor allem ein literarischer Charakter, auf den wir uns berufen dürfen, wenn wir selbst als altes, aber immer noch werdendes und schwer zu formendes Volk uns Charakter zuschreiben wollen. Thomas Mann ist zugleich eine deutsche und eine europäische Figur, er ist beides, auf Grund seiner Veranlagung und auf Grund seiner Geltung. Sein Leben, das ausschließlich die Geschichte einer Leistung ist, kann nicht mit Begeisterung, kann nur mit der kalten Leidenschaftlichkeit dargestellt werden, die er selbst als Voraussetzung dem Wesen des Schriftstellers untergelegt hat. Der junge Thomas Mann hat keinen Kranz auf seinem Haupte getragen, und man kann sich auch sonst nicht vorstellen, daß er mit Gleichgestimmten, Gleichgesinnten, Gleichbegeisterten an einer Tafelrunde geschwelgt hat. Es gibt kaum einen Schriftsteller, der mit weniger Geselligkeit, mit weniger Kameradschaft aufgetreten ist, der, obgleich literarisch durch und durch, weniger aus einer literarischen Kampfgemeinschaft zu stammen scheint. Das Leben von Thomas Mann entbehrt aller Inszenierung, aller sichtbar pittoresken Hintergründe der literarischen Aktion, wie es sich auch später ohne Katastrophen, ohne Peripetien vollzieht, und der Biograph wird sich ohne die Reize des Episodischen, ohne Überraschungen und Abenteuer behelfen müssen.

Braucht Thomas Mann überhaupt einen Biographen? Meine Freunde oder seine, die mich zu meinem Unternehmen beglückwünschten, hatten es nicht nötig, über diese Frage bedenklich zu werden, die mich bald beunruhigte. Man pflegt das Erdenleben eines Dichters wie die Wurzel eines Baumes anzusehen und das Werk wie seine Krone; man versucht am Stamme die Jahresringe abzulesen und sich eine Vorstellung von dem geheimnisvollen Treiben der Säfte zu machen, die nach oben aufschießen und in die Triebe und Spitzen gelangen. Das Schicksal eines Dichters wird von allein wieder zum Gedicht, weil die sich ablösenden Generationen nach ihrer Sehnsucht, nach ihrem Wissen, nach ihrem Vermögen, nach ihrem Rechtfertigungsbedürfnis an ihm raten, an ihm bilden, weil sie sein Monument immer nur aus dem eigenen seelischen Material aufrichten können. Aber wir haben Thomas Mann bisher auf keine Weise überlebt, und was sich Neueste und aber Neueste erdreisten mögen, es gibt noch keine Generation, die nach ihm gekommen wäre, die ihn zu etwas Vergangenem, zu etwas Marmornem machen und auf einem Postament isolieren könnte. Unsre Biographie wird also kein Denkmal sein, und unser Dichter weigert sich sogar, etwa als „der junge Thomas Mann" porträtiert zu werden; denn er ist zwar reifer, aber durchaus nicht älter geworden, und wir hoffen sogar nachweisen zu können, daß er – und das heißt sein Werk – allmählich jünger, sinnlicher, mutwilliger, spielfreudiger geworden ist, aber auch tatkräftiger und froh der Verantwortung, die gerade der Ruhm ihm auferlegt hat. Wenn man so will, hat unser Dichter allerdings ein Wunder erlebt oder ist sich selbst zu einem Wunder geworden, an das er als der letzte zu glauben anfangen mußte.

In einer humoristischen Selbstdarstellung beruft sich Thomas Mann nicht unfontanisch darauf, daß er der Lebensform des Künstlers, des Dichters stets mit dem äußersten Mißtrauen gegenübergestanden habe. Ein Dichter ist ein auf allen Gebieten ernsthafter Tätigkeit unbedingt unbrauchbarer, einzig auf Allotria bedachter, dem Staate nicht nur nicht nützlicher, sondern sogar aufsässig gesinnter Kumpan ein innerlich kindischer, zur Ausschweifung geneigter und in jedem Betracht anrüchiger Scharlatan, der von der Gesellschaft nichts andres sollte zu gewärtigen haben – und im Grunde auch nichts andres gewärtigt – als stille Verachtung. Tatsache aber ist, daß die Gesellschaft diesem Menschenschlage die Möglichkeit gewährt, es in ihrer Mitte zu Ansehen und höchstem Wohlleben zu bringen. Kein Dichter hat sich wohl mit dem Wesen des Schriftstellers, mit seiner Physiologie und Psychologie, mit seiner Möglichkeit der Existenz, mit seiner sozialen Verwendbarkeit, mit seiner kulturellen Verantwortlichkeit so unablässig wie Thomas Mann beschäftigt. Kein Dichter hat so genau über sich Rechenschaft geleistet, so bereitwillig „Rede und Antwort" gestanden, so wenig sich hinter den heiligen Mysterien von Inspiration und Intuition verborgen. Es ist, als ob der Nachfahre redlicher hanseatischer Kaufherren, indem er sich und seinen Gläubigen, seinen Gläubigern, den ganzen Schaffensprozeß bewußt machte, es unternommen hätte, eine Art Bilanz in Einnahme und Ausgabe vorzulegen, aus der hervorgehen sollte, daß er mit seinem Pfunde richtig gewuchert habe und daß es auch sonst in dem ganzen Geschäft redlich zugegangen sei. Meine Bücher stehen zur Verfügung, schien er zu sagen, zu jeder besonderen Auskunft noch bereit, die der Künstler schuldet, ohne daß seine Privatperson sich gekränkt oder bloßgestellt fühlen müßte. Man kann sagen, daß Thomas Mann freiwillig in einem Glashaus sitzt und daß er eben deshalb bittet, nicht mit Steinen zu werfen, was ihm ja auch schon geschehen war, als einige Leute ihre Physiognomien in seinem Werk zu entdecken glaubten und als ihn sein junger Ruhm noch nicht sicher genug schützte.

Als meine Freunde mich zu meinem Unternehmen beglückwünschten, dachten sie augenscheinlich nicht daran, daß Thomas Mann selbst sein bester Biograph ist und es vielleicht auch schon wäre, wenn er außerhalb seines dichterischen Werkes nie Rede und Antwort gegeben hätte. Seine Dichtung ist schon Autobiographie, ist fortlaufendes persönliches Bekenntnis; er hat nie mit etwas andrem als mit dem Eigensten gewirtschaftet, und er hat mit dem ersten großen Roman sogar Rechenschaft über die Entstehung eines Menschen durch vier Generationen gegeben. Bleibt von Thomas Mann außerhalb seines Werkes oder hinter ihm noch etwas übrig und kann über ihn etwas ausgesagt werden, was er nicht schon selbst gesagt hätte? Ist nicht alles hell um ihn, der die Hintergründe seiner menschlichen und künstlerischen Existenz selbst aufgetan hat? Und muß der leichtherzige Verfasser seines Lebensbildes nicht fürchten, daß der zu Porträtierende ihm Unrichtigkeiten oder Willkürlichkeiten, falsche Untermalung, unerlaubte Lasuren nachweist und daß er während der Sitzung plötzlich aufsteht, weil ihm die Sache zu bunt geworden ist? Man kann überdies einen Menschen, dessen Reichweite über die private Sphäre hinausgeht, nicht ohne Bosheit schildern, und wir Deutsche namentlich, die wir gern mit dem Fernglas sehen, die wir alle Persönlichkeit gern ins Metaphysische hinausrücken und als unendlichen Gedanken Gottes unbedingt verehren, sollten uns an dem guten alten Fontane, an dem bösen, zweifelsüchtigen Porträtkünstler ein Beispiel nehmen, dem seine Erfahrung das Auge so scharf machte für alle Bedingtheiten des Lebens, der Anlage, des Charakters, über die kein Mensch hinwegkommt. Der böse Blick stellt sich ein, weil er nicht hinwegsehen kann über ein trübes, widerspruchsvolles, mindestens wunderliches, im besten Fall unfeststellbares Verhältnis zwischen Leben und Schaffen, über eine Spannung zwischen Anspruch und Leistung, über eine irrationale Beziehung, die man auch Glück nennen kann, zwischen einem Einmaligen, Gegebenen, bloß Individuellen und einer Materialisation des Geistes, die sich davon ablöst, die Form wird, die Macht wird, die als Gestalt wandelt, ein neues Geschöpf in der Schöpfung und gar mit dem Anspruch auf Unsterblichkeit, solange unser Menschentum dauert.

Aber man kann nicht leicht himmlische Bosheit üben gegen einen Künstler, der unsren schlimmsten Absichten, wenn wir sie hätten oder haben müßten, schon zuvorgekommen ist, der die verdächtige Problematik alles Künstlertums, indem er sich selbst am wenigsten schonte, schon bezichtigt hat. Thomas Mann begann vor dem Kriege die Memoiren eines Hochstaplers zu schreiben, und wenn er das vorläufig abgeschlossene Fragment, was durchaus zu hoffen bleibt, als großen Roman ausführt, so wird er uns jedenfalls beweisen wollen, wie nahe die Typen des Hochstaplers und des Künstlers zusammengehen, die beide eine Rolle spielen, die beide Charaktere fingieren, die beide als Phantasten und mit dem einen Gesicht nicht Zufriedene die Wirklichkeit benutzen, um das, was sie brauchen, für sich zu entwenden oder, besser gesagt, es sich anzueignen. Mit dem Unterschiede allerdings, und darauf wird der in seiner Vaterstadt einmal verfemte Dichter der Buddenbrooks besonders bestehen müssen, daß das, was der Künstler sich aneignet, keinem andren mehr gehört, keinem andren je gehört haben kann. Balzac sagt einmal, daß er die Lumpen des Armen auf seinem Körper fühlte, wenn er auf der Straße hinter einem Bettler ging. Es ist jedenfalls so, daß der Dichter auch dem ärmsten der Menschen nicht sein Letztes läßt; er ist ein Harpagon, der unsinnig sammelt, der seine Diebeshöhle vollpackt, der schon so unbewußt stiehlt, daß er nicht anders als mit vollen Taschen nach Hause kommt. Um uns der schlechten Gesellschaft zu entschlagen und die Dinge würdiger zu benennen: Thomas Mann ist kein großer Erfinder, was ja auch Shakespeare und Goethe nicht waren, und er braucht es nicht zu sein, weil die Wirklichkeit ihm schon genug aufgibt, weil er zu den Leuten gehört, die schon die Realität als Märchen und Wunder, als Unfaßbares, immer wieder Unwahrscheinliches anstaunen, als etwas, was vielleicht die Laune hat, uns eines Morgens nicht mehr zu erscheinen. So daß wir also tot wären. Denn ob wir der Welt sterben oder ob die Welt uns stirbt, das, denke ich, wird wohl auf eins hinauskommen. Ob wir rufen und die Welt antwortet, ob die Welt ruft und wir antworten, das wird auch auf eins hinauskommen. Jedenfalls finden wir in der Welt nichts, was nicht in uns wäre, und so ist das, was man gemeiniglich Beobachtung nennt, eine Art Aufgelöstheit, eine Art von Verbundenheit, von schmerzlicher Verbundenheit mit der Erscheinung, ein unfreiwilliger Zustand der Reizbarkeit, der durch den Widerstand des Schaffens gestillt oder abgewehrt werden muß.

Der Schriftsteller ist der einzige Künstler, der kein Handwerk, keine Technik zu erlernen braucht, der für seine Kunst keines Materials, keiner sinnlichen Übertragung benötigt. Das Wort steht jedem Menschen als Mitteilung, als Ausdruck, als laute Gebärde zur Verfügung, und so gibt es auch keinen Menschen, der dem Dichter nicht dreinreden könnte. Der Musiker kann in gewissen Grenzen das Komponieren, der Maler kann das Malen lehren, aber es wird kaum einen Schriftsteller geben, der sich nicht schämte, die Schriftstellerei zu lehren und den verdächtigen, trügerischen Umgang mit dem Worte weiterzuverbreiten. Die Dichterei ist ein unfrohes Handwerk geworden, sie war vermutlich nur fröhlich und guten Gewissens, als die Dichter sich noch nicht für Schriftsteller hielten, und sie wird von den Modernen, aber nicht von den schlechtesten, für so etwas wie eine Krankheit gehalten, von der sie nun einmal befallen sind und mit der sie sich für ein Leben abfinden müssen. Wie kostspielig und sündhaft, wie sündhaft kostspielig diese Krankheit ist, das hat uns ein Hebbel oder Dostojewski oder Flaubert oder Ibsen oder Strindberg genau genug vorgerechnet. Alle diese Schriftsteller haben uns zu überzeugen unternommen, daß sie redlich gewesen sind, und zwar auf die Weise, daß sie nichts willkürlich gemacht, nichts nur erfunden, sondern daß sie vielmehr gedient und gehorcht haben. Gedient einer Notwendigkeit, einem Gesetz über ihnen, und gehorcht einer Stimme, die nicht nur die eigene gewesen sein konnte. Die Gewalt, die sie über das Wort hatten, mag ihnen verdächtig geworden sein, die doch vor sich nicht Scharlatans heißen wollten, aber die Gewalt, die das Wort über sie nahm, haben sie geheiligt, damit sie als rechte Magier bestehen konnten.

Das höchst Persönliche wird zu einem Überpersönlichen. Der Dichter findet sich in seinem Schaffen nur gerechtfertigt, wenn er in seiner Schöpfung etwas anerkennen muß, was er nicht gemacht hat oder nicht nur hat machen wollen. Die künstlerische Zeugung kann sich wie die natürliche nicht ohne Wunder vollziehen. Das Wunder ist beglaubigt, wenn das Geschöpf sich vom Schöpfer zu selbständigem Dasein ablöst, wenn das Kind die Augen aufschlägt, die die Augen des Vaters und auch die eigenen sind. Der Künstler findet sich gerechtfertigt und unter den Schutz seines Gesetzes gestellt, gerade wenn sein Werk ihn zu überraschen beginnt, wenn es mit eigener Seele, mit eigenem Willen gegen ihn auftritt, wenn es sein Leiden als ein Handeln, seine Tat als ein Geschehen erweist.

Der Dichter wird zur Legende. Thomas Mann hat dem Kritiker, dem Literarhistoriker vieles vorweggenommen, weil er wie wenige geneigt und geübt ist, sich selbst historisch zu nehmen und seine Ursprünge zu ergründen, die ihm Ziel und Wirkung gaben. Thomas Mann ist zu einer repräsentativen Figur geworden; er weiß es, und er darf es sagen. Was kann der Biograph noch ihm und über ihn sagen? Nach einer Aufrechnung aller Vorbehalte und Hemmungen wird er sich darauf berufen müssen, daß seine Absicht sich gegen alle diese Einwände aufrechterhalten hat in einem Gefühl, das wir als Schuldigkeit bezeichnen wollen und das wohl auch, wenn wir uns nicht kalte Leidenschaftlichkeit vorgenommen hätten, als Dankbarkeit, als Verehrung und gar als Liebe ausgelegt werden könnte.

KINDHEIT

Die Familie Buddenbrook beruft sich auf einen kinderreichen Gewandschneider, der in der ersten Hälfte des achtzehnten Jahrhunderts sein ehrsames Handwerk von Nürnberg nach Wismar verlegt hat. Von da nach Lübeck haben es die Buddenbrooks nicht mehr weit gehabt. Dieser Gewandschneider ist keine Erfindung, und es bleibt eine hübsche Vorstellung, daß die Familie Mann aus der Stadt von Hans Sachs, von Albrecht Dürer und Peter Vischer stammt, aus der ansehnlichsten und kunstreichsten Städterepublik des sechzehnten Jahrhunderts, die für uns die Vollreife der bürgerlichen Kultur in Deutschland bedeutet. Bürgerlichkeit und Artistentum — diese beiden Wesenszüge hat Thomas Mann für sich in Anspruch genommen. Der Urgroßvater war Getreidehändler, er hatte sich ein beträchtliches Vermögen, allerdings nicht als preußischer, sondern als napoleonischer Heereslieferant gemacht. Auch die Kutsche mit den vier Pferden, die den alten Johann Buddenbrook zu seinen vorteilhaften Geschäften ins Binnenland fuhr, wird durch die Tradition der Familie Mann bestätigt. Das Familienjournal aber, das ihre Geschichte mit Geburt und Tod, mit Taufen, Konfirmationen und Heiraten aufzeichnet, hat wirklich existiert, es existiert heute noch und bewahrt auch das unanständige Couplet von Sachsens Marschall und der stolzen Pompadour, über das die Billardspieler bei Buddenbrooks, nicht ohne Pastor Wunderlich, sich unbedenklich ergötzen. Der Urgroßvater war ein Freigeist, ein etwas später Sohn der Aufklärung, der Großvater aber, niederländischer Konsul, wandte sich, obgleich in politischer Hinsicht gemäßigt fortschrittlich, wieder der Religion zu, weil seine Frau eine Pietistin war. Der Vater, der die Firma übernahm, wurde, wie es sich gehört, auch wieder Senator der alten freien Reichs- und Hansestadt, sogar zweiter Bürgermeister, also eine Art regierender Herr, vor dessen Sarge die Trommel gerührt, die Fahnen des Hanseatischen Regiments gesenkt werden mußten. Der Vater war mehr „Staatsmann" als seine Vorfahren, er bekleidete viele Ämter, und man rechnete bei geschäftlichen Angelegenheiten wie bei solchen der Repräsentation auf die Wirksamkeit, auf die Eleganz seiner rednerischen Begabung. Die übrigens weder Heinrich noch Thomas Mann geerbt haben, wahrscheinlich weil beide durch und durch Schriftsteller sind.

Die Mutter, Julia Bruhn-Da Silva, die erst 1922 starb, also den Ruhm ihrer Söhne noch erlebte, war die Tochter eines Deutschen, der in Brasilien eine Plantage betrieb, und einer Kreolin, die, um genau zu sein, aus einer portugiesisch-indianischen Mischung hervorgegangen war. Soviel ich weiß, hat der Literaturhistoriker Herr Adolf Bartels erklärt, daß er an Kreolinnen nicht mehr glaubte, die sich mit verdächtiger Häufigkeit als Mütter deutscher Schriftsteller meldeten; er scheint also die Brüder Mann einer noch dunkleren Abstammung zu verdächtigen, eines Makels zu bezichtigen, den etwa der Dichter Paul Heyse als Sohn einer jüdischen Mutter in seinen Augen tragen müßte. Die Mutter der Manns war aber trotzdem kreolischer Herkunft, sie kam tatsächlich aus Brasilien, und sie kam nach Lübeck als sechs oder siebenjähriges Kind, weil der früh verwitwete Vater ihr eine rein deutsche Erziehung wünschte. Mit dieser Herkunft hätte die Mutter fast von Theodor Storm gedichtet sein können, nur daß sie nach so früher Auswanderung und in einer Pension untergebracht, die sich in den Buddenbrooks als die der guten Sesemi empfiehlt, von dem Heimweh nach dem Süden wohl nicht allzu sehr versucht wurde. Die kleine Brasilianerin bewahrte eine ungefähre Erinnerung an die Schönheit des Hafens von Rio de Janeiro, eine genauere etwa an eine große Giftschlange, vor der sie ein Neger gerettet hatte. Das größere Wunder war ihr wohl vorläufig der Norden und besonders der erste Winter, da eines Morgens alle Straßen voll Zucker lagen, der nun obendrein vom Himmel gefallen sein sollte. Nicht anders als Goethe, hat Thomas Mann seine Mutter nirgends porträtiert; sie ist nicht Gerda Buddenbrook, die die erschütterte Bürgerlichkeit der Familie noch mit Musikalität unterminiert, sie ist nicht die Mutter Tonio Krögers, von der der Zwiespältige das Zigeunerische, das „Liederliche" geerbt haben will. Die Mutter zweier Dichter war wohl von einem heißeren Blute, von einem Temperament, das sich in die gemessene, selbst gezirkelte Art der Manns nie ganz eingefügt hat. Aber das braucht man nicht aus Brasilien mitzubringen. Ob eine ererbte und unterdrückte Tropenhitze des andren Bruders leidenschaftliche Schwärmereien hervorgebracht hat von der wilderen, schöneren und zu begeisternden Verbrechen theatralisch aufgelegten Mittelmeerrasse? Vielleicht hat Heinrich den

D'Annunzio, vielleicht hat er Stendhal als seine Väter adoptiert. Die Literaturgeschichte, die den Begriffen der Entwicklung, Vererbung, Anpassung allzu gläubig nachgegangen ist, traut sich schicklicherweise nicht mehr die Sicherheit der Analyse zu, die die chemische Zusammensetzung eines Menschen beweist und ihm den seelischen Stoffwechsel für alle seine Lebensmöglichkeiten vorschreibt. Es steht außerdem dem Menschen zu, eine Erbschaft anzunehmen oder abzulehnen, und wir werden besonders bedenklich sein müssen, wenn es sich um zwei Brüder handelt, die als Beweise füreinander und ebenso wohl gegeneinander gebraucht werden können.

Der Vater, vielseitig beschäftigt und von der modernen Staatsidee viel mehr beansprucht als seine Vorfahren, die mit naiver Sicherheit als Glieder einer Signoria regierten, hatte sich in der Bäckergrube ein modernes, elegantes Haus gebaut, wahrscheinlich in dem Gefühl, daß er mit den Geistern des großväterlichen, des alten Buddenbrookhauses nicht mehr recht übereinstimmte und daß er als Mann fortschrittlicher Tendenzen, auch von bekannter Eleganz, auf eine neue, zeitgemäßere, weniger abwehrende Weise zu repräsentieren hatte. In dem neuen Hause war die leichtere Geselligkeit; es empfing nicht nur die Offiziere des Hanseatischen Infanterieregiments, die in dem Lübecker Patriziat gern ihre Frauen und ihre Mitgiften fanden, es öffnete sich auch mit einer etwas neuen Vorurteilslosigkeit den Vertretern des Stadttheaters und der heimischen Musikübung, die sich etwa als Regisseure oder Kapellmeister schon durch einen Schein von Amtlichkeit auszeichneten. Frau Julia Mann, am Klavier erzogen, hatte eine kleine, angenehme Stimme, sie spielte Chopin, sie sang Schubert, Schumann, Lassen, und der Senator, wenn ihn das Geschäft auch schon sehr früh dem alten Gymnasium, dem im mecklenburgischen Hinterland, im Holsteinischen und auch über die See hinaus respektierten Caterineum abgefordert hatte, scheute sich nicht, einige literarische Interessen zuzugeben, ob er auch das Schlimmste für sich zurückbehielt. Den Zola wenigstens las er nur heimlich und mit einigen verschämten Vorsichtsmaßregeln, wenn er sich in seinem Travemünder Strandkorb der sommerlichen Erholung überließ. Aber das tägliche Tischgebet blieb nach der Väter Art erhalten.

Vier Jahre jünger als Heinrich, wurde Thomas Mann am 6.

Juni 1875 geboren, übrigens nicht im Elternhause, sondern in einem Gartenhäuschen vor der Stadt, das für den Sommer gemietet worden war. Man suche es nicht, denn es existiert nicht mehr, und auch das Haus des Vaters hat sich als modernes Bürohaus unkenntlich gemacht. Der zweite Sohn, dem im Abstand noch ein Sohn und zwei Töchter folgten, kam an einem besonders schönen Sonntag genau um zwölf Uhr mittags zur Welt. Die Geburt war leicht, und ein Liebhaber oder Kundiger der Astrologie, Oskar A. H. Schmitz, hat obendrein festgestellt, daß das Horoskop des Dichters uns durch die glücklichste Zusammenstimmung beruhigt. Schmitz hat auch das Horoskop von Heinrich Mann gestellt und daraus bei aller Ähnlichkeit die Notwendigkeit einer literarischen Auseinandersetzung gefolgert. Das ist eine schöne, resolute Wissenschaft.

Ein wesentlicher Teil von Thomas' Kindheit hat sich in dem großväterlichen, in dem nun historischen Buddenbrookhause abgespielt, das ich den Anhängern eines zum deutschen Hausbuch gewordenen Romans nicht zu beschreiben brauche. In dem unteren Stockwerk ist heute die Buddenbrookbuchhandlung untergebracht, von dem alten Bau haben sich wenigstens das Vorderhaus und die schöne Rokokofassade erhalten. Die Brüder spielten noch bei der Großmutter im Hinterhaus, in dem früheren Billardsaal der Buddenbrooks, der damals schon zu einem Speicher heruntergekommen war, zu einer romantischen, durch Alter und Verlassenheit anziehenden, durch gespenstisches Dielenächzen grauenerregenden Ruine, wie sie noch die beiden Prinzenkinder in „Königliche Hoheit" mit schönen Schauern erschreckt. Man müßte sich nun vorstellen, wie zwei Brüder und künftige Dichter, wenn sie auch später in einige Meinungsverschiedenheiten gerieten, in dieser besonders märchenhaft ausgestatteten Kindheit ihre Träume versponnen haben. Aber ich habe schon gesagt, daß Heinrich vier Jahre älter war, so daß sich eine unabsehbare Distanz zwischen die beiden Knaben legte, etwas vergrößert noch durch die Mannsche Familiensprödigkeit und dann noch einmal durch die kühle Überlegenheit des Älteren, die nicht einmal ein Aufsichtsrecht oder sonstige patriarchalische Autorität in Anspruch nahm. Zwischen den Brüdern Mann sind nicht einmal Prügel, sind jahrelang kaum Worte ausgetauscht worden, obgleich sie als Kinder in demselben Zimmer schliefen.

Der kleine Thomas, bis eine jüngere Schwester zur Teilnahme an seinen Spielen und zur Bewunderung seiner Einfälle heranwuchs, fand seine erste Gefährtin und Gehilfin, sein Publikum und seinen Hofstaat an dem trefflichen alten Mädchen, das als „Ida Jungmann" in den Buddenbrooks mit einem Denkmal beehrt worden ist. Die treue Hüterin mehrerer Generationen las dem Jungen die deutschen Hausmärchen vor, solange er selbst noch nicht lesen konnte; sie mußte ihm vor allem eine große Meute von Hunden aller Rassen halten, die aus Biskuit, aus Papiermache geformt, die aus Stoffresten aller Art zusammengeflickt wurden. Der Dichter von „Herr und Hund" ist immer ein großer Hundeliebhaber gewesen, und er hat sich diese Liebe zur Kreatur bei seinem späteren Meister Schopenhauer wohl noch einmal bestätigt. Thomas Mann war ein friedliches Kind, er bediente lieber seinen Kaufmannsladen, als daß er Bleisoldaten kommandierte, und auch die Verleihung einer Husarenuniform hat seine Kindheit nicht militarisieren können in einer Zeit, die noch von der frischen, stolzen Erinnerung des Deutsch-Französischen Krieges lebte. Wenn er sein Gedächtnis genau prüft, kann er sich nicht einmal entsinnen, an den sonst so unentbehrlichen Indianern männliche List und Kühnheit bewiesen zu haben. Sein Schaukelpferd aber hieß Achill, und dieses Wissen von dem schönsten Griechenhelden kam ihm aus einem alten Schulbuch der Mutter, das Auszüge aus Homer und Virgil und aus den schönsten Sagen des klassischen Altertums enthielt. In „Rede und Antwort" hat der Dichter erzählt, wie er als Hermes mit papiernen Flügelschuhen durch die Zimmer hüpfte, als Helios eine goldene Strahlenkrone auf dem ambrosischen Haupt balancierte, als Achill die kleine Schwester dreimal um die Mauern von Troja schleifte. Vor allem thronte er als Zeus, als der Gewaltige der Gigantomachie, auf einem rot lackierten Tischchen und blitzte, die Götterburg verteidigend, mit einer Pferdeleine, die mit klingelnden Glöckchen benäht war. Thomas Mann gehört gewiß nicht zu den Leuten, die Tränen in die Augen bekommen, wenn sie von ihrer Kindheit sprechen, aber die Sachlichkeit seiner Rede schwingt heute noch in einer kleinen Vibration, wenn er sich seines ersten literarischen Verhältnisses zu dem größten aller Erzähler erinnert. Das Homerische ist ihm ein Maßstab für die Bewertung aller epischen Kunst geblieben.

Götter, Tiere und Menschen: jeder richtige Junge regiert über ein Universum, er erweckt eine Welt am Morgen und packt sie abends zum Schlafen wieder ein. Von seinem Bruder Heinrich, der ursprünglich Maler werden sollte und an dem mindestens ein guter Zeichner verlorengegangen ist, hatte Thomas das Puppentheater geerbt, das er später dem kleinen Hanno Buddenbrook wie auch dem egoistischen Dekadenten der Bajazzo-Novelle weiter vermacht hat. Wenn es uns die Erzählung — er hat ja alles aus sich selbst — nicht besagte: der kleine Thomas hat sich auch als Bajazzo, als Nachahmer und Nachäffer produziert, wenn er einen Affen aus dem Kindertheater, wenn er einen Clown aus dem Zirkus nachahmte, gleich Onkel Christian Buddenbrook von der Gebärde widerstandslos mitgerissen, oder wenn er vor dem Musiktempel in Travemünde mit zwei gekreuzten Stöcken das Schmachtespiel des ersten Geigers und besonders das Tremolo zum Vergnügen der Badegäste nachfingerte. Zur Entschuldigung dieser komödiantischen Ausstellung muß wahrscheinlich angeführt werden, daß der Sohn des Senators, auch von zwei Holzstöcken, wirklich Musik gehört hat, wie er ja auch später als Violinspieler über den Durchschnitt geraten ist. Aber sein Puppentheater war ein Heiligtum, war sich selbst so genügsam, daß es nicht einmal ein Publikum brauchte. Der kleine „Poppenspäler" empfing sich als seinen einzigen Zuschauer, wie er sein eigener Sänger, Kapellmeister, Regisseur und sein ganzes Orchester war. Als Theater schlechthin galt ihm die Oper, die auch den späteren Dichter viel mehr als das Drama erregt und bestimmt hat; eine Freischütz-Aufführung des städtischen Theaters hatte ihn zum Aufgebot aller Zaubereien des Gesamtkunstwerks ermutigt, und es schien ihm selbstverständlich, daß die Menschen aus einem um sie entfesselten Brausen und Tönen heraus sangen, weil es in dieser Sache auf Würde und Abstand, auf eine völlige Entführtheit ankam. Der kleine Thomas Mann war gut, war viel zu gut erzogen, als Zögling also als Gebieter von lauter Frauen, die überdies bei ihm gewiß keine Rauheit abzuschleifen fanden. Manchmal beschloß er ein Prinz zu sein, er nahm ein liebenswürdig hoheitsvolles Wesen an und vergnügte sich an dem Bewußtsein seiner geheimen Würde. Das haben sich andere Kinder, die nachher tüchtige Demokraten werden können, in der Märchenzeit auch eingebildet, aber unser

Held war ja in Wirklichkeit, wenn nicht prinzlich, so doch wenigstens patrizisch gehalten. Seine Kindheit hatte sich auch an keinem Kameraden vergleichen und erproben müssen. Das Leben, das nicht für ihn eingerichtet war, das von ändern unverwandten und unvertrauten Mächten bestimmt wurde, lernte er erst durch die Schule kennen. Verwechseln wir den Dichter nicht mit Hanno Buddenbrook, dem unglückseligen kleinen Neurastheniker, in dem das Geschlecht zu Ende geht und in dem sich alle Krankheitskeime der Vorfahren gesammelt haben. Wir werden uns wahrscheinlich den werdenden Thomas Mann als eine Mischung von Phlegma, genauer gesagt, von einer beharrenden Gewaltlosigkeit vorstellen müssen, und von einer Reizbarkeit, die er in spröder Verhaltenheit mit sich selbst abmacht, Einbrüchen in seine Nerven leicht ausgesetzt, aber vor Ausbrüchen bewahrt, immer etwas älter als sein Alter, und eine von den standhaften Naturen, die sich auf das Warten wenn auch ohne Ziel verstehen, die den Ablauf der Zeit als etwas an sich Wohltätiges verwerten. Trotz alledem, der Junge hat sich an seinem ersten Schultag nicht heroisch, nicht einmal phlegmatisch benommen, der sich am Rockschöße des Vaters festhielt, als er sich so vielen fremden Jungen ausgesetzt fand, einer so unfreundlichen Umgebung und einer männlichen Atmosphäre, die dem von lauter frisch gebügelten und so wohlwollenden Schürzen Aufgezogenen mißduftig widerstand.

Thomas Mann war erst ein guter und wurde bald ein schlechter Schüler. Wenn er seine Verbindlichkeiten genau aufrechnen will, so verdankt er einem zwölfjährigen Lehrgang, einem besonders gründlichen, da er mindestens die höheren Klassen mehrere Male absaß, die Handhabung der vier Spezies und vielleicht noch eine grammatische Übung, die ihm die Erlernung fremder Sprachen später erleichtert haben mag. Besondere Auszeichnung des Schülers wurde von der Familie nicht einmal erwartet, da er nach Überwindung der Realklassen bis zum „Einjährigenzeugnis" in das väterliche Geschäft eintreten sollte, während sein Bruder Heinrich für eine humanistische Bildung geeignet und für ein akademisches Studium bestimmt schien. Wenn ich nicht irre, gehört der Schriftsteller Thomas Mann, Ehrendoktor der philosophischen Fakultät der Universität Bonn, Villenbesitzer zu München und Vater von sechs Kindern, nicht anders als

Gerhart Hauptmann oder Anatole France zu den Leuten, die, was der Tag auch bringen möge, immer wieder mit dem Frohgefühl aufwachen: wenigstens brauchst du nicht mehr zur Schule zu gehen! Es ist einige Anhänglichkeit an die Kameraden, es ist keine dankbare oder nur freundliche Erinnerung an die Schule zurückgeblieben oder an das, was man mit so fahrlässigem Sprachgebrauch den Lehrkörper nennt. Vielleicht war da früher an dem neudeutschen Gymnasium etwas mehr Seele, etwas mehr Heiterkeit oder Güte gewesen, der „Körper", der Thomas Mann zwölf Jahre bedrückte, trug jedenfalls einen preußischen Schnurrbart und hatte sich vor der Front der Schüler in furchtbarer militärischer Haltung aufgerichtet. Heinrich Mann hat der neudeutschen Schule, wie sie auch in die Republik Lübeck eindrang, den Professor Unrat angedichtet, der in seinem schnüffelnden Sadismus ein außerordentlicher satirischer Typus wäre, wenn er nicht in eine orgiastische Genußsucht hinüberschlüge, die mit dem Kommißwesen der neudeutschen Schulkaserne die innere Beziehung doch nicht nachweisen kann. Der Dichter der Buddenbrooks hat mit seinem Direktor Wulicke mehr einen Durchschnitt gezogen; mit umso mehr Recht durfte er zwanzig Jahre später gegen einen modernen Jugendbildner betonen, dass er von seiner damaligen Darstellung keine Zeile nachzulassen brauchte. „Die Schule war ein Staat im Staate geworden, in dem preußische Dienststrammheit so gewaltig herrschte, daß nicht allein die Lehrer, sondern auch die Schüler sich als Beamte empfanden, die um nichts als ihr Avancement und darum besorgt waren, bei den Machthabern gut angeschrieben zu stehen ..." Das Schülermaterial, das diesem Lehrkörper unterstand, war von der üblichen demokratischen Mischung, aus alten und neuen Reichen, aus alten und neuen Armen; es gab keinen andern Gemeinschaftsgeist als den der stumpfen Feindschaft, der ohnmächtigen Auflehnung gegen die Lehrer, die immer mehr fragten, als man wußte, als sie vielleicht selbst wußten. Der Schüler Thomas Mann schloß sich an einen jungen Grafensohn aus dem Mecklenburgischen an — sein Vater nahm ihn auch einige Male auf ein mecklenburgisches Gut zum Getreideeinkauf mit — aber er interessierte sich auch für den Sohn eines kleinen jüdischen Schneiders, den irgendein Wind aus dem Ungarischen an die Ostsee geweht hatte. Als der Geist wach wurde, als die neue oppositionelle Literatur aus Berlin und Leipzig mit ihren Zeitschriften bis nach Lübeck vorstieß, begann er mit dem späteren Kunstschriftsteller Otto Grautoff die Probleme des Naturalismus und Impressionismus sicherzustellen. Der junge Grafensohn, den Thomas Mann später in den „Buddenbrooks" sehr von seinem dem kleinen Hanno vorenthaltenen Blute nähren sollte, hatte sogar schon von einem Friedrich Nietzsche gehört. Aber die von M. G. Conrad begründete Leipziger „Gesellschaft" war vorläufig Revolution genug. Der Bleistift, den Hans Castorp viel, viel später aus den schlecht gepflegten, aber weichen Händen der Madame Chauchat empfängt, ist wirklich von einem Mitschüler ausgeliehen worden, dem einmal eine zärtliche Erregung, eine kaum eingestandene stumme Werbung entgegenkam. Auch den Hans Hansen hat es gegeben, dem Tonio Kröger seine unbedenkliche herzhafte Bürgerexistenz neidet. Aber die blonde Ingeborg, die Schönste der Tanzstunde, die immer von den Hans Hansen geheiratet wird, auch wenn Tonio sie durch ein umständlich zugestelltes Gedicht in Verlegenheit gebracht hat, die ist in Wahrheit, allerdings gegen die höhere Wahrheit, eine Brünette mit dicken schwarzen Flechten gewesen. Als der etwas späte Sekundaner noch die Schule und schon die Tanzstunde besuchte, nicht ohne Stolz auf seine Lackschuhe und nicht ohne Aufgelegtheit zu einer schüchternen Galanterie, war schon „Frühlings Erwachen" erschienen. Einige Jahre später wurden wir durch eine ziemlich dichte Reihe melancholischer Erzählungen geängstigt oder betrübt, in denen namentlich unsre neu ermunterten Schwabendichter das Unglück, jung zu sein, besangen, in denen sie die dreifache Tragik anklagten, die der zerbrechlichen jungen Seele mit dem Leben, mit der Schule und gar mit der Liebe auferlegt wird. Es gab nach Wedekinds schönster Dichtung vielleicht nicht mehr viel zu sagen und zu klagen, aber im Roman erhielt sich noch ziemlich lange der Schülerselbstmord als das tragische Motiv einer lyrisch erweichten Oppositionsliteratur.

Wir haben keinen Grund, uns den jungen Thomas Mann als solche tragische Figur vorzustellen, die von wilden Frühlingsstürmen gerüttelt fast aus der Welt geweht wurde. Wir haben keinen Grund, ihn als einen leicht Gebrechlichen zu bedauern, der das eine Unglück, Kind zu sein, und das andre Unglück, Mann zu werden, überstehen mußte. Die meisten pflegen es ja zu überleben. Der Sohn des Senators, wenn die Schule nicht gewesen wäre, lebte in Übereinstimmung mit seiner Umgebung, mit seiner Familie; er nahm, wenn auch nicht ihre geistigen Interessen, so doch ihre Lebenshaltung, ihre Gewohnheiten an, wie er überhaupt nie ein Rebell gewesen ist. Die Unfreiheit, die Unfertigkeit, die Unentschiedenheit der Jugend mag ihn, da der Geist so viel vorwegnimmt, belästigt haben, aber der künftige Dichter war, wie gesagt, eine wartende Natur, und er hatte die Gabe des Traumes, die Langeweile und Ungeduld beschwichtigt. Vor allem die des Schlafes. Thomas Mann versichert uns, daß er als Junge nie besser geschlafen habe als in der Nacht vom Sonntag zum Montag, wenn auch wieder die Schulangst für eine ganze bittere Woche drohte. Nicht anders hat er es als Mann gehalten; hat sich vor Sorge und Kummer ins Unbewußte gerettet. Ist wie auf einem Zaubernachen, der ihn zuverlässig auf seinen Ruf abholte, ins Meer der Unendlichkeit hinausgefahren. – Das Meer! Die Unendlichkeit. Der Sohn der Ostsee hat eine große Liebe zum Meere mitgenommen, es ist seine Landschaft geblieben. Die Berge sind unruhig und unordentlich. Am Meer gefällt ihm auch die Sauberkeit, wie er mir einmal sagte, die Ausgefegtheit des Strandes, und daß man mit frisch gebügelten weißen Hosen gehen kann, selbst immer sauber, während die Gebirgsleute rennen und schwitzen. Seine Liebe zum Meere, aber das schreibt er nun wieder, ist so alt wie seine Liebe zum Schlaf, und beide Sympathien haben eine gemeinsame Wurzel, das Nirwana der Unform, der Freiheit von Raum und Zeit. Aber die Jugend ist an sich ein Schwebezustand, der mehr Dämmerung, mehr Dumpfheit, mehr Hingehaltenheit verträgt. Jugend verlangt von sich keine Leistung, sie verlangt vorüberzugehen, sie verträgt sehr viel Indifferenz. Thomas Mann ist keine Frühlingsnatur und gehört gewiß nicht zu den Leuten, die die Jugend auf jeden Fall für die schönste Jahreszeit des Lebens halten. Aber er wird die eigene auch nicht für unglücklich so wenig wie für glücklich gehalten haben.

FRÜHLINGSSTURM

Der Senator Mann starb und wurde mit vielen, auch mit militärischen Ehren begraben, als sein zweiter Sohn fünfzehn Jahre alt war, während Heinrich, der ursprünglich Maler werden wollte, in einem Dresdener Sortiment die Buchhandlung erlernte. So fing der Ältere wie sein Meister Zola die Literatur mit dem Verschnüren von Bücherpaketen an. Während die alte Getreidefirma etwas eilig und darum wenig vorteilhaft liquidiert wurde, zog die Mutter nach München; sie hatte Bayern und die Berge nach einigen Besuchen des Bades Kreuth liebgewonnen, und es lag ihr wohl wenig daran, sich im Lübecker Patriziat die einer Senatorswitwe zustehenden Ehren erweisen zu lassen, wenn die alte Hansestadt auch die Heimat ihrer Kindheit geworden war. Thomas Mann folgte ihr, nachdem er sich im Caterineum das Einjährigen-Zeugnis ersessen hatte. Was nahm er aus Lübeck an erworbenem Besitz mit? Wie andre Kinder war er mit Grimms, besonders aber mit Andersens Märchen aufgewachsen. Der kleine Thomas hat sich diese Geschichten für wohlgewaschene Kinder wieder und wieder vorlesen lassen, der große Thomas hat das feine Glockenspiel dieses silberhellen Vertrags im Ohr behalten. In seiner märchenhaften Geschichte vom Kleiderschrank klingt die alte biedermeierliche Spieluhr Andersens wieder; sie wird in „Königliche Hoheit" recht bewußt und mit einem Bekenntnis alter Anhänglichkeit aufgezogen. Wer noch genauer hört, wird auch sonst in dem Stilisten Thomas Mann etwas von der Genauigkeit und Geschliffenheit, von der Tonhelligkeit und Durchsichtigkeit, etwas von der patriarchalisch zusprechenden Gesetztheit seines ersten Mentors nicht verkennen.

Die brasilianische Mutter hat ihm zuerst Fritz Reuter vorgelesen, den sie besonders liebte. Als ich die Buddenbrooks zum ersten Male las, glaubte ich die sprachliche Lagerung etwa in der Mitte zwischen Fritz Reuter und Theodor Fontane ansetzen zu müssen, den Thomas Mann aber wohl erst später richtig kennengelernt hat. Lübeck hat seine alte Stadtkultur, es schließt sich gegen das mecklenburgische Hinterland sehr genau ab, das ihm in kultureller Hinsicht vordem ferner lag als der Kreis der alten Hansestädte rings um die Ostsee, aber die Geschichte seiner Märzrevolution in den Buddenbrooks, auch wo die Leute nicht platt sprechen, ist ein wenig von Onkel Bräsig redigiert, dem einzigen Philosophen, den die obotritischen Fürstentümer hervorgebracht haben. Der junge Thomas Mann hat immer gelesen, er fing unter der Bank in der Schule an und setzte gleich darauf zu Hause bei dem „dritten Frühstück" fort, das denn aber auch vor dem auf den Börsenschluß wartenden Mittagessen das letzte war. Noch im Kauen schmetterte er Schillers Versdramen, und der Carlos, den er am liebsten hatte, wie uns ja auch Tonio Kröger versichert, wurde sogar noch einer Aufführung auf dem Puppentheater gewürdigt. In Konkurrenz mit Schiller entstand auch als erstes dichterisches Unternehmen ein antiklerikales Drama „Die Priester", in dem es der Inquisition noch einmal ordentlich gegeben wurde. Der andre Liebling des Halbwüchsigen war Heine; das Buch der Lieder mit seinen großen Schmerzen ergänzte die Tanzstunde. Das Buch Legrand entzückte ihn zu einem Persönlichkeitskultus für Napoleon; er tapezierte sein Zimmer, das ihm nach Heinrichs Abgang allein gehörte, mit den Bildern des Kaisers, und er feierte den Geburtstag seines Helden. Die von „Dr. Wulicke" kommandierte Schule starrte und klirrte so von Patriotismus, daß er davon nicht noch nach Hause nehmen wollte. Goethes Liebesgedichte wurden von dem Jüngling zur gehörigen Zeit gelesen. An den Werther, den man seinem Wesen nach noch zur Lyrik rechnen kann, ist Thomas Mann erst mit fünfundzwanzig Jahren als schon bewährter Schriftsteller gekommen, während die eigentlichen Prosawerke sich ihm noch viel später erschlossen. Wenn sich über die geistige Ernährung des jungen Thomas Mann etwas Charakteristisches sagen läßt, so wäre es die Feststellung, daß er sich nie wie viele andre aus bloßer Eitelkeit und Bildungsdünkel vollgefressen hat, daß er immer das zu sich nahm, was er aus irgendwelchen Gründen brauchte, und daß er mit der Kost nur sehr allmählich gewechselt hat. Dabei ist er auch später geblieben. Der Künstler liest immer zweckmäßig, er sucht Verwandtes und Verwandte, die sein erstes zaghaftes Streben nach dem eigenen Ausdruck billigen und ermutigen.

Wir Berliner, junge Gymnasiasten und Studenten, künftige Regenten der Kritik, verschlangen Goethe mit Arno Holz, Novalis mit Ibsen, Kleist mit Conradi. Der werdende Schriftsteller, der noch die Schulbank drückte, entschied sich als Parteimann sogleich für die Moderne, die ihn sehen, anfühlen, anfassen lehrte. Es war nicht mehr der alte programmstarke Naturalismus, der dem literarischen Knappen zu seinen ersten Gängen die Waffen lieferte. Thomas Mann hätte fünf oder zehn Jahre früher auf die Welt kommen müssen, um noch von der ersten Wucht der alten kämpferischen Richtung mit gehoben zu werden, hinter der die Schlachtreihe des noch gläubigen, des trotz aller Brüderlichkeit mit der Wissenschaft noch messianisch gesinnten Sozialismus stand. Der Naturalismus hatte sich in Frankreich mystisch gefärbt, als Huysmans von Zola abfiel; er war zum Impressionismus, zu einem neuen Egotismus zerbröckelt, er suchte sehr bald, nachdem alle Wirklichkeit neu und angeblich objektiv redigiert war, ein neues Verhältnis mit der Romantik. Das war mit einem Wort der Sinn der Dekadenz: die Rückkehr in das Ich, die Flucht bis in den Traum der Abbau eines ethischen Aktivismus, der aus einer vorgeblichen Passivität wirkte, die Auflösung eines zivilisatorischen Zukunftsglaubens. Hermann Bahr brachte das Stichwort aus Paris mit, daß der Künstler sich jetzt tausend Seelen machen müßte, und mit seinem eigenen Roman „Die gute Schule" gab er ein Vorbild artistischen Raffinements, das den jungen Adepten völlig überzeugte. Ihn überzeugte der Mut der Selbstentschleierung, das Tagebuchartige, Bekenntnismäßige, das vorbehaltlose Sich-selbst-Meinen und Sich-selbst-Einsetzen der Persönlichkeit oder vielmehr ihrer Zustände, die sich durch nichts andres als durch die Rechte des Augenblicks bestätigen. Der junge Künstler ist gläubig und dankbar, wenn ihm das Wort gegeben wird, das er gesucht hat, wenn er aus der ersten Stummheit erlöst wird.

Vor mir liegen zwei Heftchen, die ein gewisser Paul Thomas, sonst Untersekundaner zu Lübeck, als „Monatsschrift für Kunst, Literatur und Philosophie" mit einigen Kameraden herausgegeben und größtenteils selbst geschrieben hat. Der Lübecker Drucker, zu einem Verleger reichte es nicht, hat sie mit zärtlichem Blumenrand ungefähr wie ein Hochzeitskarmen hergerichtet, und es muß auch sonst gesagt werden, daß dieser „Frühlingssturm" nicht so furchtbar brausend einherkommt, nicht mit der Drohung, Dämme zu zerreißen und Häuser umzuwerfen. Der Herausgeber Paul Thomas ist übrigens so aufrichtig, den jugendlichen und bescheidenen Zivilberuf eines Sekundaners nicht zu verschweigen, sich im Dunkel der Anonymität keine Alterswürde anzumaßen.

„Es war mittags. Nach der Schule. Zwischen 1 und 2 Uhr. Ich hatte noch keine Lust nach Hause zu gehen und bummelte, meinen Cäsar unterm Arm und eine Bostanjoglo zwischen den Lippen, durch die Straßen und vors Tor hinaus. Vor welches? Das ist erstens ganz egal, und zweitens weiß ich es selber nicht, denn ich gab nicht im Mindesten acht darauf, wohin ich ging. Ich schlenderte völlig gedankenlos — wenn man aus der Schule kommt, ist man das immer, ins Ungewisse hinein, und ich weiß nur, daß ich mich nach geraumer Zeit auf einer Bank befand, vor der sich eine umfangreiche Grasfläche ausbreitete.

Es war ein merkwürdig warmer Frühlingstag. So warm, daß alles Knospen und Blühen um mich her ersichtlich darunter litt. Alles sah durstig und müde aus. Regungslos ragte eine Gruppe Kastanienbäume neben mir in die Höhe. Über der begrasten Höhe lag zolldick Staub. Und kein Luftzug. Nicht das allergeringste merkbare Leben in all dieser schlaffen Trockenheit."

Das ist nicht übel. Aber die Zeit schreitet vorwärts, und es gibt heute Siebzehnjährige, die das nicht schlechter, die das viel glänzender machen, und vielleicht gerade, weil sie nun wieder in die gute Schule von Thomas Mann gegangen sind. Jener Paul Thomas nun, mit dem Cäsar unter dem Arme und der Bostanjoglo zwischen den Lippen, schickt einen Frühlingssturm über den staubigen Grasplatz, und nachdem er dieses symbolische Naturereignis sehr gut arrangiert hat, verspricht er im Namen seiner Freunde, im Namen der Untersekunda, nicht anders hinein zu fahren in die Fülle von Gehirnverstaubtheit und Ignoranz und borniertem aufgeblasenen Philistertums, „die sich uns entgegenstellt". Man hat das heraufsteigende 20. Jahrhundert das eiserne genannt. Man sollte es lieber das geistige nennen. Mut, Kraft, Frische stellt ihm die Jugend zur Verfügung. Und zum Schluß entrollt sie „das Banner der Ideale". Im zweiten Heft aber hat unser Paul Thomas eine Vision „dem genialen Künstler Hermann Bahr gewidmet", der später ein großer Bewunderer von Thomas Mann werden sollte. Die Gesinnung ist Dekadenz mit einer naiven kleinen Großmannssucht, die Technik ist das Neueste von Impressionismus. Der junge Frühlingsstürmer hat sich eine Aufgabe gestellt, oder von Hermann Bahr eine stellen lassen, so wie Flaubert seinem jungen Freunde Maupassant aufgab: beschreibe mir dies und das, so genau wie du kannst, aber mit Farben, die noch nicht gebraucht worden sind. In dieser Vision erscheinen etwa ein damastenes Tischtuch mit eingewirkten Blättern und Blüten, darauf ein schlank ragender Kristallkelch, darauf ferner eine träumerisch hingestreckte Hand, daran ferner ein duftsilberner Reif, und darin ferner ein blutender Rubin. Der junge Dichter hat sich außerordentliche Mühe gegeben, mit allen Augen des Geistes zu sehen, mit allen Nerven zu tasten, und noch mit einigen Sinnen zu empfangen, die die neue Literatur eben im Begriff zu entdecken war. Tolle Bewegung in allen Sinnen, fiebrisch, nervös, wahnsinnig: die Vision muß sich herstellen aus den blauen Ringeln der Bostanjoglo, die sehr hübsch Rauchschriftzeichen genannt werden. Paul Thomas hat sich gewiß bei keiner Schularbeit so viel Mühe gegeben, worüber er nicht einmal zu bemerken scheint, daß er eigentlich noch gar nicht in der neuen Klasse sitzt, daß er auch altes Pensum unversehens wiederholt. „Wie ich mich müde zurücklehne, zuckt Schmerz auf. Aber ich weiß es nun so sicher wie damals: du liebtest mich doch ....Und das ist es, warum ich nicht weinen kann." Und das sind nun wohl Romantik und besonders ein Schluchzer von Heinrich Heine, den man überhaupt so schwer los wird. Ein großer Schriftsteller, Otto von Bismarck, hat einmal an seine Braut einen wundervollen Brief geschrieben über den ewigen Byronismus und über das Recht der Jugend, den dunklen Mantel des Weltschmerzes zu tragen. Es wurde das Verdienst von Thomas Mann, daß er später besonders als Tonio Kröger aus eigener Not eine echte Melancholie fand, die wiederum die Jugend von 1900 bezauberte. Als Paul Thomas suchte er noch die großen Schmerzen, aus denen die kleinen Lieder gemacht werden, suchte er die Empfindung als das Material, an dem eine Kunstgesinnung, eine artistische Bereitschaft sich erproben sollte. Daß das Verhältnis zwischen Leben und Geist sehr ungemütlich sein kann, daß es sich an der intimen Feindschaft dieser beiden sehr schmerzlich vertieft und wie sich mit gegenseitigen Gewinnverlusten ironische Schlichtungen herstellen, darüber hat er uns später wissend gemacht als einer, der aus der Dekadenz stammt und der ihr zugleich von Anfang an im Herzen aufgesagt hatte. Die richtigen Dichtungen sind immer Abschiede, mindestens für den Schriftsteller, der immer im Selbstgespräch ist, der sein Werk mehr und mehr auch als einen dialektischen Prozeß erweist. Es bedeutet mehr als eine Huldigung, wenn Thomas Mann später über seinen Bekenntnisband „Tristan" das „Dichten — sich selber richten" mit unbefangener Stirn gesetzt hat. Auch durch seine Dichtung wie durch die Ibsens ziehen sich feine Fäden, die scheinbar auseinander liegende Motive, wenn auch zarter als bei dem Dramatiker, verknüpfen, und die uns der Blutsverwandtschaft aller seiner Figuren, seiner Stellvertreter im Gesamtwerk versichern. Paul Thomas lieh noch die Empfindung, und wie es der Jugend meistens geschieht, vermutete er wahrscheinlich auch nicht, wo seine eigentlichen Gläubiger noch zu suchen waren.

> Nun will ich noch einmal singen
> Von Lust und Liebe und Mai,
> Und wenn die Saiten zerspringen
> Dann ist das Ganze vorbei.
>
> Noch einmal laß wild dich umschlingen
> O Leben, du blühende Fei!

Das ist nicht ein Stückchen, das ist schon der ganze Heine, und der alte Leierkasten wird in rührender Anhänglichkeit von einem jungen Dichter gedreht, der schon durch „den genialen Künstler Hermann Bahr" das Stichwort zu andrer Tat und Gesinnung empfangen hatte. Im ersten wunderschönen Maiheft des „Frühlingssturms" steht noch ein Gedicht „Zweimaliger Abschied", das im Weinmonat desselben Jahres 1893 noch einmal in der „Gesellschaft" erschien. Die wackere Leipziger Kampfzeitschrift, die der alte Stürmer M. G. Conrad begründet hatte, die damals Hans Merian führte, brachte die ersten Kampfrufe der modernen Literatur nach Lübeck, soweit die Jugend da überhaupt schon literarische Ohren hatte. In der jungdeutschen Bewegung von Conrad bis Conradi war noch viel mehr Romantik, als diese Ritter, noch mehr des Mutes als des Geistes, sich träumen ließen. In dieser prächtigen Gemeinschaft, die dem neuen deutschen Reich eine ideale Bestimmung andichten, die den Altreichskanzler mit den neun Musen verheiraten wollte, war irgendwie noch etwas Scheffelsches oder wenigstens Studentisches wie von tapferen jungen Leuten, die sich jeden Morgen auf die Mensur stellen und die mit dem Rapier wenigstens in die Luft hauen, wenn gerade kein Gegner da ist. Aber sie standen gut, und manche stehen heute noch da und in derselben Auslage.

In der „Gesellschaft" also erschien das Gedicht „Zweimaliger Abschied" noch einmal. Wir dürfen es an dieser Stelle aufbewahren, weil es die erste Veröffentlichung ist, die sich mit dem Namen Thomas Mann beehrt. Wahrscheinlich liegt es auch so, daß der bürgerliche Name bekannt werden durfte, da Paul Thomas endlich von der Schulbank aufgestanden war.

ZWEIMALIGER ABSCHIED

Der letzte Abend war's. Wir wanderten
am Strand des Meers, das still und schwarz und schweigend
im Unbegrenzten sich verlor. Kein Stern erglänzte
vom trüben, unbestimmten Grau des Himmels,
kein Stern der Hoffnung auf ein Wiedersehn ...
Nur durch den feuchten Nebel sickerte
vom fernen Leuchtturm müdes rotes Licht —
das Abendglühen eines kurzen Tags,
an dem das Glück uns in den Armen hielt ...
Und niemals, niemals wieder ... ?
Wir wanderten und schwiegen mit dem Meer —
Dein liebes Blondhaupt lag auf meiner Schulter,
und deines feuchten Haares leiser Duft
umschmeichelte bestrickend meine Nerven ...
Die Zeit verrann in seligem Vergessen,
und endlich kam er unerbittlich doch,
der Augenblick des letzten Lebewohls ...
Wir standen still und sahn uns an — so an
zum letzten, letzten Mal ... Kein Laut ringsum.
Ein tiefes, dunkles Schweigen um uns her.

Und deine kalte Hand fand sich mit meiner,
und Tränen tiefen Leids umschleierten
das Meeresblaugrün deiner Augen ...
Und nur ein Wort ging durch die tiefe Stille.
Sprachst du es aus? War ich's? Ich weiß es nicht.
Es irrte durch die feuchte Sommernacht,
ganz leise, träum- und leidverlornen Klangs ...
„Nie — niemals wieder ... "

Und dann der Morgen. —
Unaufhörlich ging
ein feiner Regen nieder. In dem kleinen Bahnhof
stand schnaubend längst der Zug. — Ein Lärmen, Hasten,
ein feuchtes, schmutziggraues Durcheinander
von Koffern — Menschen — Dampf. —
Ich sah auf ein Bukett —   ich trug es selbst —
Und deine Eltern sah ich — sah auch dich —
Dann ein paar Worte —   welche schönen Blumen! —
Sehr schlechtes Reisewetter — in der Tat —
Dann hielt ich deine Fingerspitzen eben —
Adieu, adieu — und leben Sie recht wohl! —
Auf Wiedersehn. — Jawohl auf Wiedersehn! —
Ein letztes Winken noch: dann war es aus ...
Wir logen beide. —
Jedoch die schlimmste Lüge war: „Auf Wiedersehn."
Wir wußten's beide, was das Meer gehört
an jenem feuchten dunklen Sommerabend ...
„Nie — niemals wieder." ...

Das „Nie, niemals wieder" übersetzt nicht Edgar Allan Poes deklamatorisches „Never more", es ist ein Seufzer von Theodor Storm, mit dem der empfindsame junge Mann seit früher Jugend umgegangen war und der auch sonst mehr als das Abschiedswort in das Abschiedsgedicht hineingehaucht hat. Es ist Stormscher Tonfall und Gefühls- fall, es ist sein grauer Himmel und sein Meer, die Vertrauten der Liebenden, der Scheidenden, und der große, hinter seinen Erzählungen immer noch verborgene Lyriker hat wohl auch das Meeresblaugrün in die Augen der Geliebten gestiftet, von der wir annehmen wollen, daß sie existiert hat. Denn zu dem allgemeinen Bedürfnis' der Empfindung, die die Jugend gern wie ein Blümchen im Knopfloch trägt, wird sich ein Blondhaupt und eines feuchten Haares leiser Duft immer noch finden lassen.

Was besagt uns dieser Frühlingssturm, nachdem wir noch an einigen kritischen Plaudereien eine schwingende und durchaus graziöse Elastizität des Vertrags anerkannt haben? Daß die Lyrik die Sache des künftigen Dichters nicht war, daß in seinem Gemüt keine Äolsharfe aufgespannt war, um nur Empfindungen weiter zu tönen. Die Analyse kam ihm dazwischen, der Geist hielt den Vers mißtrauisch auf, prüfte ihn auf seine Redlichkeit, verwies ihm seine romantische Schwärmerei und verurteilte ihn ohne Bewährungsfrist. Wie mancher moderne Schriftsteller, hat sich Thomas Mann die Lyrik ausgetrieben. Wer gute Ohren hat, wird nicht überhören, daß sie in der innersten Zelle seines Werkes festgesetzt worden ist, daß sie ihm geholfen hat, den Rhythmus seiner Prosa im Fluß zu halten und ihre Perioden zu modulieren.

VOLONTÄR

Im Herbst 1893 folgte Thomas Mann seiner Mutter nach München. Durch einen ihrer Verwandten wurde er als Volontär in einer Feuerversicherungsgesellschaft untergebracht; er wurde also auch in dieser Hinsicht Kollege von Richard Dehmel, der bis zu seiner zweiten Ehe Feuer- und Einbruchspolicen aufsetzen mußte. Die Anstellung an einer Aktiengesellschaft, die ein Aufrücken über subalternes Beamtentum nur als Ausnahme zuließ, entsprach gewiß nicht der hanseatischen und patrizischen Überlieferung der Manns, die stolze Kaufleute gewesen waren, die ihre eigenen Schiffe auf das Meer geschickt, die durch ein Jahrhundert zu den Regierenden gehört hatten. Verfall einer Familie! Aber Thomas Mann war kein Rebell, er ließ sich überdies umso widerstandsloser unterbringen, als er seinen von der Familie mit wenig Kopfzerbrechen gewählten Zustand nicht als einen endgültigen anerkannte. Es mußte nur Zeit vergehen, bis er seiner selbst sicher geworden war; denn seine ruhige sachliche Denkungsart, seine angeborene Gesetztheit und Redlichkeit verlangte andere Bestätigungen von sich als seine paar Gedichte und Skizzen, als seine Aufrufe, die in der Lübecker Sekunda den Frühlingssturm hatten entfesseln sollen. Sein Bruder Heinrich, der zwischen Malerei und Schriftstellerei schwankte, hatte sich ja auch ohne Neigung bei einem Dresdener Buchhändler unterbringen lassen, und nach dieser Lehrschaft hatte er noch bei S. Fischer in Berlin die höheren Obliegenheiten des Verlagswesens studiert. Der Volontär Thomas Mann tat in seiner Versicherungsgesellschaft nicht viel anderes, als er vordem in der Schule getrieben hatte: er saß seine Pflichtstunden ab mit der Einteilung, daß er auf seinem Pult Formulare und unter seinem Pult an einer Novelle schrieb. Wenigstens war er im Frühjahr 1894 schon so eingesessen, daß er unter den Augen der Bürokraten das trügerische Doppelleben durchsetzen konnte. Diese Novelle unter dem etwas erklärungsbedürftigen Titel „Gefallen" erschien im November in der „Gesellschaft", die ihn ja schon durch die Annahme des Gedichts vom zweifachen Abschied ermutigt hatte. Thomas Mann hat die Novelle in seine Werke nicht aufgenommen, die vielen spätnaturalistischen Skizzen seiner Zeit ähnlich sieht, fast ähnlicher als seinen eigenen Erzählungen, schon durch ihre technische Anlage, weil sie ungefähr die einzige ist, die wie unversehens aus einer Unterhaltung entsteht. Wenn es sich überhaupt noch ermöglichen läßt, die eigentliche Novelle im alten Sinn von der Short story, der kurzen Erzählung, zu unterscheiden, so wäre dieses Jugendwerk das Novellistischste, was Mann geschrieben hat, weil es sich um einen merkwürdigen Fall handelt und weil dieser Fall auf einen Satz gebracht werden kann. Was also Theodor Storm den „Falken" nennt.

Vier akademische Freunde unterhalten sich bei einem guten Essen über die Weiber, woraus die Frage entsteht, ob auch ein Mann fallen kann. Der Erfahrenste und bisher Stillste der Tafelrunde erzählt dann die Geschichte eines Freundes, die natürlich seine eigene ist, wie er als junger Student und milchweißer Schwärmer sich einer jungen Schauspielerin besten Rufes näherte, wie sie ihn glücklich machte, mit ihm glücklich wurde, bis er bei ihr eines Tages einen Herrn findet, der seine Rechte erkauft hat. Die Pointe ist also: die Frau fällt erst um Liebe und dann um Geld. Und dann wird sie von dem Manne gerichtet. Die Erzählung des Doktors, des „Zynikers", soll sich wie von selbst in Bewegung setzen; eine Vase mit frischem Flieder auf dem Tisch erinnert ihn an einen Fliederstrauß, der bei seinem trüben Abenteuer eine Rolle gespielt hat. Der Duft macht ihn weich, bringt ihm den Frühling der unschuldigen Gefühle und der gläubigen Schwärmerei zurück. Lassen wir die Psychologie, die manches von dem damals üblichen, in seiner Beweisfähigkeit so sicheren Pessimismus hat. Die Novelle ist warm, sie hat Seele, sie ist in ihrer Jugendlichkeit hitziger, als was Mann sonst geschrieben hat. Das Erotische wird später bei ihm eine Art Voraussetzung, die sich von der Ironie sublimieren oder distanzieren läßt. Man hat mit einer Erinnerungsnovelle zu tun, mit dem von Theodor Storm so oft beliebten Verfahren, nur daß der Himmel, auch der über der Jugend, hier weniger blaut und daß die Freunde, die übrigens sehr ausgiebig und fast buddenbrooksch speisen, aus einer moderneren und bittereren, aus einer literarisch geprüfteren Generation stammen, etwa aus der zwischen Johannes Schlaf und dem damals noch naturalistischen Paul Ernst, die sich vermaß, das Leben mit einer vorher unbekannten Festigkeit des Auges anzusehen und mit einer unerschrockenen Genauigkeit wiederzugeben. Die Dichtung trug damals einen Vollbart. Die

Novelle, die in der „Gesellschaft" erschien, war schon aus der literarischen Atmosphäre dieser Zeitschrift hervorgegangen, ein lyrisch-naturalistischer Spätling, ein vorletztes Wort im Vergleich zu dem dernier cri der Dekadenz, den Hermann Bahr schon weitergegeben hatte. So sehr auch noch Studie, es ist Seele darin, und wenn wir wissen, daß die Sache von Thomas Mann ist, werden wir vordeutende Züge seiner Handschrift schon erkennen an der Behutsamkeit und Geschliffenheit einiger Worte, an einigen ironischen Lichtern, die eine zweite Spiegelung bewirken, an einer rhythmischen Fähigkeit, die Periode in der Schwebe zu halten und dann leise zu senken. Der junge Dichter will noch nahe am Leben sein und sich seiner sinnlichen Wärme versichern, aber er tritt auch zuweilen zurück, um Distanz zu gewinnen, um die Empfindung zum bloßen Material zu machen und die Spannung zu vergeistigen. In dem jungen Dichter meldet sich das, was man Geschmack nennt, ein Vorgeschmack des Künstlers.

Die Erzählung des Feuerversicherungsvolontärs wurde von einem zwölf Jahre älteren Versicherungsbeamten begrüßt, der gewiß noch viel mit sich zu tun hatte, aber nie zuviel, um nicht junge Talente mit ermutigendem Handschlag zu empfangen. Thomas Mann wurde begrüßt von dem selbstlosesten Kameraden der deutschen Literatur, von ihrem wärmsten, tapfersten Herzen.

Verehrter Herr!

Ich habe eben Ihre wundervolle Erzählung „Gefallen" in der „Gesellschaft" gelesen und dann nochmals meiner Frau vorgelesen und muß Ihnen mein Entzücken und meine Ergriffenheit schreiben.
Es gibt heutzutage so wenig Dichter, die ein Erlebnis in einfacher, seelenvoller Prosa darstellen können, daß Sie mir diese etwas aufdringliche Bekundung meiner Freude und Bewunderung schon erlauben müssen. Falls Sie noch andere Erzählungen von gleicher Weise liegen haben, möchte ich Sie bitten, mir die Manuskripte für die in Gründung begriffene Kunstzeitschrift

PAN einzusenden, von der Sie wohl gehört haben und in deren Aufsichtsrat ich sitze. (Honorar 10–15 Mark für die Druckseite.)

Gruß und Hochachtung
Richard Dehmel

Dem Briefe folgte noch ein Postskriptum mit kleinen technischen Bedenken, mit einigen Einwendungen gegen einen manchmal schleppenden, buchsprachigen Satzbau und mit sehr brauchbaren Ratschlägen für die letzte stilistische Fertigstellung einer späteren Buchausgabe. Richard Dehmel, „der Aufsichtsrat", wie man ihn auch in einem weiteren und schöneren Sinn nennen kann, irrte sich nur in einer Hinsicht, wenn er bei dem jungen Genossen weitere Manuskripte voraussetzte. Der junge Thomas Mann ist von Stoffen nicht bedrängt worden, die von ihm Gestaltung verlangten; er wollte vorerst das Schreiben lernen, wie ein Musiker ein Instrument lernt, und er hatte ja seine Novelle noch vielfach mit abgesehenen Fingergriffen angefaßt. Umso mehr mußte den Tastenden, Zögernden die Anerkennung eines schon anerkannten Dichters ermutigen.

Der Volontär schrieb eine höfliche Kündigung an seine Vorgesetzten und ließ sich als Hörer an der Universität München einschreiben, nicht in der Aussicht auf eine akademische Laufbahn, die ja auch mehr als sein einjähriges Zeugnis verlangt hätte, sondern um in eine künftige journalistische mit einer allgemeineren Bildung einzutreten. — Die tiefe und reiche Bildung, die sich jeder Künstler zwischen Zwanzig und Dreißig erwirbt — behauptet ein schönes Wort von Balzac. Man braucht dazu die Universität nicht, aber sie lag gerade vor der Tür, und es lag dem ordentlichen jungen Mann auch nicht, einen eigenen, eigenwilligen, oder mit Hans Castorp zu sprechen, den genialen Weg zu gehen. Thomas Mann tat sehr viel für seine Bildung, er hörte Geschichte und Nationalökonomie, Literaturgeschichte und Ästhetik, und man darf wohl sagen, daß er von alledem nicht viel gehabt hat, wie es meistens geht, solange man eben nur hört und nicht, wenn auch in bescheidenem Maße, wissenschaftlich mitarbeitet. Überdies waren damals gerade die Geisteswissenschaften in München nicht sehr glänzend vertreten. Wenn Thomas Manns Erinnerung heute noch eine Erkenntlichkeit an die kurze akademische Zeit ausübt, so gilt sie dem Kolleg über höfische Poesie des Mittelalters von Wilhelm Hertz, dem großen Sprachkünstler, der die Geschichten der Marie von Frankreich so anmutig erneut, der sich mit seinem immer noch entzückenden „Bruder Rausch" über alles Gereimte von Scheffel und Julius Wolff so hoch erhoben hat, daß das Publikum ihn auch heute noch nicht recht sieht. Der alte Troubadour war der einzige Dichter unter den Münchener Professoren; darum durfte er nur am Polytechnikum lehren. Thomas Mann entzückte ein ungewöhnliches Formtalent, ein Vortrag mit den Schwingungen lyrischer Nerven, aber er nahm immer nur zu sich, was ihm genehm war, „modern vom Scheitel bis zur Sohle", wie Arno Holz in seinem ersten Gedichtband gefordert hatte; er fühlte sich gewiß nicht versucht, in den Stoffkreis seines Lehrers nachschaffend einzutreten und ihm mit einer Troubadournovelle Gefolgschaft zu leisten. Dazu war noch Paul Heyse da, der die deutsche Literatur zu München zwar nicht mehr regierte, wohl aber repräsentierte, wie respektlos eine dem „Schönen" abgewandte Jugend ihn anfechten mochte. Die Studienzeit hatte schließlich keinen ändern Sinn, als daß wieder ein Jahr des Abwartens, des Vorbereitens auf ein fernes undeutliches Ziel vergangen war.

Wenn die Zeit keinen Inhalt anzunehmen scheint – solche Jahre bleiben auch in späterer Erinnerung, trotz nachträglichen Berichtigungen, leer und farblos – , pflegt eine Unbehaglichkeit zu entstehen, der man sich gern durch einen Wechsel des Schauplatzes entzieht. Thomas Mann besann sich, daß er an München als an einen ziemlich zufälligen Aufenthalt nicht gebunden war und daß er sich auch in einem ändern wesentlichen Punkte als ungebunden ansehen konnte, da ihm aus dem väterlichen Vermögen, trotz der eiligen Auflösung der alten Firma, immerhin eine der Notdurft anständig genügende Rente zugefallen war. Damit beschloß er, nach Italien zu entweichen und seinem Bruder Heinrich nach Rom zu folgen, der seine Buchhändlerei auch nur zögernd aufgegeben hatte. Thomas Mann mietete zwei Zimmer in der Via Torre Argentina nahe am Pantheon. Wenn der Sommer kam, kühlte er sich in den Sabinerbergen und nahm sein Quartier in Palestrina, dem alten Präneste, das die Römer wiederholt erobern mußten, um diese tüchtigen Nachbarn von den Vorteilen der Bundesfreundschaft zu überzeugen. Der junge Mann aus Lübeck saß auf den Trümmern des riesigen alten Fortunatempels und sah der untergehenden Sonne zu, die da so ungeheuerliche Meere von sonst unmöglichen Farben aufwühlt. Da wird Gold flüssig, Blut scheint zu erstarren und am Horizont klebenzubleiben. Das ist alles wilder, heidnischer, rauschvoller als ein Sonnenuntergang in der Lübecker Bucht, aber da ist auch noch Verwandtschaft mit dem Meere, weil das in bauchigen Wellen bewegte Land immer noch anzeigt, wie unruhig es einmal war, weil der Feuerzauber am Horizont keine Grenze zu geben, kein Dahinterliegendes zu decken scheint. Thomas Mann in der Campagna! Er wurde auch da nicht zum Landschaftsmaler, wie er sich mit bescheidener oder stolzer Abwehr darauf beruft, daß seine Dichtungen niemals in einer Landschaft spielen. Das Gebiet des Moralisten, wie er sich gern nennt, ist allein der Mensch. Die Campagna mit den wüsten Sonnenuntergängen, mit dem liederlichen Verbrauch von Farbe und Feuer mochte das erregen und entführen, was Thomas Mann das Indische, das Nirwanasüchtige in seinem Wesen genannt hat. Und diese Augenblicke von Entrücktheit und Aufgelöstheit sind wohl die stärksten Verführungen, die der Süden an ihm und recht eigentlich gegen ihn versucht hat. Jeder Dichter wie jeder Mensch hat seine Physiologie, findet sich unter eine bestimmte Rangordnung seiner Sinne gestellt. Gerhart Hauptmann, ein naturnahes Ingenium, und darum ebenso anfällig wie erneuerungsfähig, macht einmal an sich die Beobachtung, daß die Sinne am Morgen nacheinander aufwachen, um sich dann sozusagen zum Dienst zu melden. Thomas Mann ist nicht in der Art Sinnenmensch, war es gerade in der Jugend noch weniger, und er ist merkwürdigerweise am wenigsten Augenmensch, obgleich er seine eigenen Figuren mit unerhörter Schärfe sieht und mit genau vorgestellten Signalements kennzeichnet. „Trinkt, o Augen, was die Wimper hält, von dem goldnen Überfluß der Welt!" Dieses Glücksgefühl hat den jungen Nordmenschen, der eigentlich einige Gründe zur Sorglosigkeit hatte, auch in Italien nicht begeistert. Dieser Tisch war nicht für ihn gedeckt. Die einfache Lust am Vegetieren, an der süßen Gewohnheit des Atmens wird er erst später gelernt haben, als er sich vor sich selbst durch Leistung bestätigt, seine Persönlichkeit durch erworbenen Besitz ausgebreitet und vor allem durch den Dienst an der Arterhaltung tiefer geerdet hatte. Gerade für den jungen Menschen war dieser Tisch nicht gedeckt, weil es für ihn kein bloßes Aufnehmen und Einnehmen gab, das er nicht erwidern oder begleichen konnte. Das Debet und Kredit mußte in seinen Angelegenheiten erst geordnet werden; diese Redlichkeit hatten ihm seine Vorfahren hinterlassen.

Heinrich Mann hat Italien und die Kultur des Mittelmeers zum Schauplatz seiner Wunschvorstellungen gemacht, zum Theater der Leidenschaft, auf dem die schönen Menschen ihre schönen Verbrechen spielen. Der Norden, ach, ist kalt und klug — und häßlich. Thomas wurde von Italien nicht verführt, nicht von seiner Natur, nicht von seiner Geschichte, nicht von seiner Gegenwart. Die Üppigkeit der Renaissance hat dem Dichter von „Fiorenza" nicht zugesagt, der besonders das Bildersehen erst später lernte und der auch ihre Bildhauerei als noch zu malerisch ablehnen mochte. Seine erste Neigung, auch diese mehr anerkennend als schwelgend, ging zu der antiken Skulptur, wahrscheinlich wegen ihrer Gemessenheit und Abgewogenheit, wegen ihrer Schlankheit und Sprödheit, die ihm noch verwandtschaftlich zusagte. In Thomas Manns Erzählungen spielt kein Bild eine Rolle, es sei denn die Photographie von Madame Chauchats Skelett im Zauberberg. Aber stellen wir uns den schönen Knaben im Tod von Venedig vor, der zuletzt den sterbenden Schriftsteller als Eros-Thanatos hinüberwinkt. Wer diese schlanke Gestalt der selbstgenügenden, in sich selbst ruhenden Schönheit aufrichtete, muß in der Antike etwas empfunden haben, was auch seiner Kunst eine Bindung und Bildung, Ausgleich und Gesetzlichkeit vorschrieb.

„Diese ganze Bellezza macht mich nervös", lästert Tonio Kröger. „Ich mag auch alle diese fürchterlich lebhaften Menschen mit dem schwarzen Tierblick nicht leiden. Diese Romanen haben kein Gewissen in den Augen." Der junge Thomas Mann verhielt sich noch nordischer als der alte Fontane, der als fertiger und als historisch eingestellter Mensch von der obligaten Italienreise wenigstens die Befriedigung des Touristen mitnahm, daß er etwas gesehen hatte, was man schließlich gesehen haben muß. Es war wohl auch viel Einsamkeit um einen Spröden, der wenig Talent zum Leichtsinn, wenig Lust am Abenteuer hatte, wenn er auch in der römischen Zeit etwas enger als sonst mit seinem

Bruder gelebt haben mag. Wenigstens haben die beiden — etwas Laune und Übermut mußte die Zeit des Unmuts doch hergeben — sich zu einem gemeinsamen, allerdings nicht literarischen Werke zusammengetan. Heinrich und Thomas brachten ein Bilderbuch für ihre jüngeren Geschwister zusammen, Phantastereien und Karikaturen, die besonders das Familienleben und den bürgerlichen Durchschnitt hernehmen. Die Bilder von Heinrich sind ausführlicher, gekonnter, durchaus reif für den Simplizissimus, die von Thomas schweifen einfallsmäßiger, phantastischer, unbesorgter aus, wahrscheinlich weil er weniger konnte als der verlorengegangene Maler. Aber von Italien gibt auch der ältere der beiden grünen Heinriche nichts zu sehen, nichts mit den Augen zu trinken. Was ist ein Schriftsteller? Ein Mensch, dem das Schreiben schwerfällt. In Literaturkreisen ist dieser entzückende Ausspruch berühmt geworden, den Thomas Mann übrigens genau so nicht hingesetzt hat. Aber es gehört wohl zum Wesen des Zitats, daß es sich aus der Gebundenheit des Zusammenhangs loslöst, daß es einen ironischen Einspruch überhört und als Epigramm ein selbständiges Leben anfängt. Seine Bitterkeit hat Thomas Mann in jenen öden italienischen Jahren empfunden, die den Schriftsteller, den modernen Schriftsteller unter langen Wehen zur Welt brachten. Daß er nichts andres werden würde, werden könnte, stand für ihn fest, aber es fehlte ihm selbst noch jede Bestätigung seines Anspruchs. Dem unfrohen jungen Mann, der sogar kein Zeug zum „Römer" hatte, war nicht das Kolosseum wichtig, nicht die Peterskirche, nicht das Café Aragno, nicht eine malerische Osteria und schließlich auch nicht der Sonnenuntergang in der Campagna; er lebte nur von dem, was er mitgebracht hatte, und das war alles nordisch. Sein wesentliches Gepäck war eine Sammlung von Reclambändchen. Wie machten es die andern, die es so herrlich weit gebracht hatten, die ihn besonders überzeugten, weil sie nichts zu erfinden, weil sie nur mit unendlicher Treue wiederzugeben schienen, was sie gesehen hatten?

Thomas Mann las Turgenjew, dem er auch später treu blieb, er las Gontscharow und Tolstoi und auch kleinere behaglichere Leute wie Alexander Kielland und Jonas Lie. Die Russen und die Skandinavier, die größeren und die kleineren, hatten das eine gemeinsam, daß sie etwas schufen, was ganz sich selbst und was zugleich ganz ihnen gehörte. Jeder hatte seine eigene Musik, jedes Werk hatte eine rhythmische Schwingung, eine gesetzmäßige Vibration des Nervensystems. Es war persönlich, es war gemacht, aber auch geworden, und er versuchte, indem er das Leben eines Motivs in seiner Voraussetzung, Wiederkehr, Steigerung und Senkung beobachtete, die Geheimnisse der Kompositionslehre zu ergründen, den fortlaufenden Ausdruck des Ganzen in den Teilen, die wiederum lebendige Glieder sein mußten.

Thomas Mann fand, daß er einer Anlage von weiter Spannung noch nicht gewachsen sei, daß er sich zunächst an der kurzen Erzählung erproben müßte, die sich aus einer Stimmung nährt und aus einer lyrischen Schwellung ablaufen kann. Thomas Mann schrieb den „Kleinen Herrn Friedemann", der seinem ersten Novellenband den Namen gegeben hat, und schickte das Manuskript an Oscar Bie, der die Novelle sehr bereitwillig und mit der Aufforderung zu wiederholten Einsendungen für die Neue Rundschau annahm. Andere Erzählungen, wie der „Wille zum Glück" und der „Weg zum Friedhof", wurden ohne Schwierigkeiten am Simplizissimus untergebracht. Das ganze Bändchen erschien erst im Jahre 1898; es kam gewiß nicht im Sturm dahergefahren, aber es fand die Zustimmung der Kritik, und der Biograph von heute hatte damals das Vergnügen, diesen Herrn Thomas Mann als einen Autor begrüßen zu können, der die schwere Kunst des Schreibens zu einer leichten gemacht hatte. Es klang das, was man die persönliche Note nennt, wenn wir auch noch keinem Schwall von Musik mit großer Instrumentierung ausgesetzt waren. Stille Geschichten, etwas in der skandinavischen Schwingung gehalten, recht unbewußt ein fernes Stormsches Adagio nachklingend, aber nichts nur Weitergegebenes, nur Übersetztes, und das nordisch Empfindsame, Weichmütige glücklich gestärkt durch ironische Widerstände, bestimmt gemacht durch eine Genauigkeit der Aufnahme, durch eine Sauberkeit, eine Abgewischtheit des Konturs, die sich bis zur Karikatur verschärft.

Das Bändchen vereinigt Geschichten von Leuten, die nicht recht leben können, die irgendwie zu kurz gekommen sind oder die sich, derb gesprochen, die unschuldige Lebenskraft verpatzt haben. Thomas Manns redlicher Genius hat nie von etwas andrem als von der eigensten Not gelebt, und er hat Entbehrung und Einsamkeit nie durch literarische Wunschvorstellung beschwichtigt oder verschönert. Seine Literatur hat gar kein Narkotikon, und wir dürfen uns nicht vorstellen, daß er je wie Balzac aus seinem Dachkämmerchen auf die tägliche Aufführung der menschlichen Komödie in ihrem unablässigen Gewoge machtlüstern hinuntergeschaut, daß er ihr mit einem Quos ego gedroht hat. Sein erstes Bändchen bringt genau die Stimmung der öden italienischen Lehrjahre, bestätigt die Verfassung eines Menschen, an dem das Leben vorübergeht. Das Leben ist gut, aber nicht für ihn. Der kleine Herr Friedemann trägt seinen Buckel mit Würde; die Würde rettet ihm seine Lebensmöglichkeit, ein sauberes Dasein in einer sanften Dämmerung, wo eigentlich nichts geschieht. Der erste aufmunternde Blick einer schönen Frau zerbricht den künstlichen Frieden mit sich selbst, er weiß, daß es um ihn geschehen ist und daß er nur noch die Schwäche genießen kann, mit der man sich dem Schicksal ausliefert. Aber die Frau wird nicht zur Rechenschaft gezogen, wie in diesem Buche überhaupt niemand belangt wird. Höchstens das „Luischen", für das sich der Rechtsanwalt in den Tod tanzt, ist als Kanaille anzusehen. Aber diese Bezichtigung einer Dämonischen stammt noch aus einer etwas früheren Zeit. Das Leben ist schon dämonisch genug, und wer es nicht mitmachen kann, muß sterben. Einer von den Beraubten, ein Kranker, stirbt noch heroisch genug um eine Liebesnacht. Bei den andern geht es langsam; einer verwelkt, einer versteinert, einer löst sich wie zu schmutzigem Brei auf. Dieser „Bajazzo", der sich egoistisch sterilisieren wollte, wird aus dem Innersten autobiographischer Voraussetzungen herausgelockt; er hat das Puppentheater, das dann Hanno Buddenbrook erbt, er hat ähnliche Eltern, und er fällt wie später Tonio Kröger aus seinen bürgerlichen Bedingungen heraus. Ein Spaßmacher, ein halber Künstler, und darum ganz lächerlich, untauglich wie Onkel Christian Buddenbrook, ein abgetaner Komödiant, der keinen Beifall, nicht einmal den eigenen mehr findet. Das Leben ist ehrlich, und die Kunst der Anfang des bösen Gewissens. Dasselbe Motiv läßt sich hin und her variieren, aber das ist nicht nur Fingerübung, und jede Etüde hat den schmerzenden Nerv, weil der Dichter mit sich selbst hart umgeht, weil er sich selbst, seinem einzigen Material zum Experimentieren, mit scharfen Säuren zusetzt. Ist das Wort, das ihn erlösen soll, nicht ein großer Betrüger, ein Scharlatan, der das Leben mit Flicken und Füttern behängt? Und hat wieder das Leben diese Pose und heroische Verkleidung nicht verdammt nötig? Wenn das Leben aus den großen Gefühlen bestehen soll, wird es wahrlich überschätzt. Jugend leidet an Hitze, kann aber auch an Kühle leiden, und wir haben schon gesagt, daß Thomas Mann zu den Leuten gehört, die mit den Jahren jünger, die teilnehmender, anhänglicher, leidenschaftlicher werden. Flaubert schrieb seinen „November", um gegen die berühmte Illusion der Jugend, um gegen den „Lebenslenz" trübe zu protestieren, und Stendhal, der doch in den imperialen Märchentraum Napoleons leibhaftig mit hineingeraten war, hat seinen Julien das trübe: Ce n'est que cela? fragen lassen. Ganz gewiß, bevor er von dem Egotisten und Analytiker wußte, geht Thomas Mann auf derselben Spur, plagt er sich mit der Gefühlskälte, mit dem ungern eingestandenen Problem, das den Dichter bedroht, und er arbeitet sich warm, indem er das Eis anschlägt. Das Büchlein hat den Vorzug, daß von eigentlicher Literatur, daß vom Metier nur am flüchtigen Abgang die Rede ist, daß der Bekenner eine strenge Untersuchung seines eigenen Falls anstellt, indem er an den Grenzen entlang geht, indem er sich mit Mißgestalteten, mit bösartigen Kranken, mit Selbstverstümmlern und egoistisch Sterilisierten ausgleicht, mit lauter armen Teufeln, ob sie das Leben berauben oder von ihm beraubt werden. Wir haben den Fall selbst, als er uns damals vorgetragen wurde, nicht allzu schwer genommen; wir haben mehr die zeichnerische Fähigkeit, die karikaturistische Schärfe der Strichführung anerkannt. Dieser Prolog zu einer Künstlerschaft, die sich in ihrem Ernst, in ihrem Wert, in ihrer geistigen Reichweite, in ihrem seelischen Reichtum wahrlich noch nicht erkennen ließ, hat uns damals nicht gerade erschüttert. Aber wir sagten uns: Achten wir auf diesen Mann! Schreiben kann er! Der Novellenband, der sich nach dem Kleinen Herrn Friedemann nennt, war noch nicht veröffentlicht, als Thomas Mann aus seinem italienischen Purgatorio nach München zurückkehrte. Aber angesehene Zeitschriften hatten seine Erzählungen aufgenommen, die er selbst als vorläufige Versuche billigen konnte, und so kam er wenigstens mit einem Ausweis zurück, der ihn vor sich selbst als Schriftsteller beglaubigte. Aus Italien brachte er auch das dicke Manuskript eines Romans mit, der ihm unter Zweifeln und Nöten wider Erwarten furchtbar angeschwollen war und dessen Überwucht ihn ängstigte. Der Roman mußte abgeschlossen werden, bevor der schlanke Jüngling, reichlich im Besitz des Gardemaßes, im Jahre 1900 bei dem Leibregiment eintrat, um das sogenannte Freiwilligenjahr abzudienen. Thomas Mann wurde Rekrut, aber er hat dem Militarismus kaum länger als sein Joachim Ziemssen, der bravste und bescheidenste aller Soldaten, gefrönt. Der junge „Leiber", wie man in München sagt, konnte den Parademarsch nicht vertragen; das krachende Zubodenschmettern des Fußes nach der mutigen Schleuderbewegung des Beines brachte ihm eine Sehnenscheidenentzündung ein, die auch keiner Gewöhnung nachgeben wollte. Der Patient wurde, wie üblich, erst im Revier beobachtet, dann als ernsthafter Fall ins Lazarett getan und schließlich nach den gebotenen Umständlichkeiten entlassen, besonders da er auf die ärarisch so gefürchtete Invalidenrente verzichtet hatte. Seinem Zivilberuf zurückgegeben, den der Schaden ja auch nicht beeinträchtigte, konnte er wieder in die Marktstraße zu Schwabing ziehen, in die berühmte Kolonie von Dichtern und Künstlern, die zu Füßen seines etwas hohen, aber frisch eingerichteten Poetenheims lebte und liebte, schwärmte und dichtete und vielleicht auch arbeitete. Zu der Einrichtung seiner paar Zimmerchen hatte die Mutter einige Möbel aus dem Familienbesitz beigesteuert; der junge Schriftsteller, der sich in dieser Eigenschaft nun eingestandenermaßen niedergelassen hatte, nahm die nötigen Ergänzungen vor, und es ist wohl das einzige Mal gewesen, daß der aus allen Überlieferungen der Familie herausgefallene, nach innersten Bedürfnissen doch sehr buddenbrooksche Sprößling einen Versuch gemacht hat, sich mit Poesie und Stimmung zu umgeben. Ein alter Ausziehtisch wurde mit einer grünen Decke verkleidet, die den Ernst des Berufes angab, darauf wurde ein Bronzeleuchter gestellt, der weniger einen praktischen als den ideellen Zweck hatte, der Feierlichkeit einen gediegenen Mittelpunkt zu geben. Einige helle Rohrstühle, die sich ihr nicht fügen wollten, wurden von dem Dichter selbst lackiert. Dieses Innen hatte teils bürgerlichen, teils künstlerischen Charakter, aber das Bohemische, das ein Ort wie Schwabing aufgab, scheint trotzdem als dritte Schwingung nicht recht herausgekommen zu sein. Die Objekte haben ihre Tücken, aber auch ihre guten Einfalle, wo man sie am wenigsten vermutet. Von der ganzen stimmungsvollen Einrichtung hat sich am besten ein von der Schwabinger Wirtin gelieferter Schrank bewährt, der sich an Stelle der irgendwie verlorengegangenen Rückwand mit einer gemeinen Rupfendeckung begnügte. Diese Unechtheit und Jämmerlichkeit hat Thomas Mann die Novelle vom Kleiderschrank eingebracht, eine seiner graziösesten, vor allem märchenhaftesten Erfindungen, die, wie man sieht, gar keine Erfindung, wenn nicht die seiner Wirtin gewesen ist. Vielleicht ist das Märchen, die lieblich Andersensche Erscheinung, unbekleidet, aber nur von porzellaner Nacktheit, in den Schrank hineingekommen, weil es von dem Duft eines Kognakgrogs angezogen wurde. Denn diese abendliche Libation hatte sich der zu Ausschweifungen sonst nicht geneigte junge Schriftsteller vorgeschrieben, weil zu seinem in stimmungsvoller Einsamkeit geborgenen Berufe wohl auch das Dionysische gehören mußte. Sein Albrecht van der Qualen, den das Märchen besucht, macht ja auch von einer Kognakflache Gebrauch, und sogar die rotlackierten Stühle, die sich von den kahlen, weißen Wänden wie Erdbeeren von der Schlagsahne abhoben, sind in dem Märchen stehengeblieben. Die wesentliche Ausschreitung des jungen Schriftstellers und alten Wagnerianers aber war gewiß die Musik, die ja die Auflösung der Familie Buddenbrook mit verschuldet hat; er strich die Geige, nicht auf Beifall bedacht wie sein Bajazzo, und er phantasierte am Klavier, aber doch mit der Kraft, sich wieder zurückzurufen, und nicht auf so lebensgefährliche Weise wie der kleine Hanno Buddenbrook.

Der junge Schriftsteller, der an den literarisch hervorstechendsten Zeitschriften schon mehrere Novellen untergebracht hatte, fing an, bemerkt zu werden. Der Simplizissimus, Magnetberg allen Talenten, zog den Mitarbeiter als Mitredakteur in seinen Stab, übertrug ihm die Aufsicht über das erzählende Fach. Die Tätigkeit des etwas subaltern gehaltenen Lektors, der nun doch irgendwie in den Journalismus kam, beschied sich im allgemeinen dahin, daß er für die eigentlichen Stabsoffiziere die Korrespondenz führte und daß er Vorschläge machen durfte, die im allgemeinen nicht angenommen wurden. Wenn es nach seinen unverbindlichen Vorverhandlungen, sei es an der Zeitschrift, sei es am Buchverlag, zu einer Annahme kam, so wurde ihm mit einer kameradschaftlichen Erkenntlichkeit gelohnt, die wahrscheinlich höheren Ortes anzubringen war. Die Einsamkeit ist ein schönes melancholisches Mädchen, dessen Mitgift aber überschätzt wird, so daß keiner sie schließlich gern geheiratet hat. Der spröde Norddeutsche, der in das geistreiche Tollhaus, in den etwas liederlichen Zauberberg des Simplizissimus nicht recht gehörte, der gerade in München lebte, weil seine Mutter da war und weil der Ort ihn in Ruhe ließ, gewann durch seine Redaktionstätigkeit die erste Fühlung mit etwas älteren Genossen, aber von naher literarischer Postierung. Arthur Holitscher und Kurt Martens waren wohl die ersten, die in dem Lektor des Verlages Albert Langen den Verfasser der Buddenbrooks feststellten und der „Erscheinung eines neuen Dichters", wie Heinrich Kleist einmal sagt, die erste Reverenz erwiesen. Beide gehörten zur dekadenten Bewegung, und Kurt Martens hatte sich mit seinem talentvollen „Roman aus der Decadence" gerade zu ihrem Wortführer gemacht.

Thomas Mann wird zum ersten Male in seinem Leben bemerkt, wenigstens von seinen Pairs, wenn man sie so nennen will. Wir haben nicht die Absicht, hier einen „Thomas Mann in Gesprächen" oder einen „Thomas Mann im Urteil seiner Zeitgenossen" unterzubringen. Das gehört sich für ihn um so weniger, als er in seinem Werke immer mit sich selbst gesprochen hat, als er seine Persönlichkeit als ein Gegebenes mit kaum zu überbietender Sachlichkeit zu beurteilen weiß. So daß wir ihm, was sich ja auch nicht geheim halten läßt, als zuständigstem Mitarbeiter an dieser seiner Geschichte einigermaßen verpflichtet sind. Aber seine eigentliche Biographie wird bald beendet sein, an dem Punkte, an dem Scheitelpunkt, wo die noch private Existenz aufhört, wo ein gereiftes und gesichertes Leben sich unmittelbar durch die Leistung repräsentiert. Dichtung und Wahrheit gehören der Jugend, solange das Spiel der Möglichkeiten im Gange ist; nachher kommen die Tag- und Jahreshefte, die von ihrer Verwirklichung Rechenschaft ablegen, und das heißt: auch von den Bescheidungen und Grenzsetzungen, die durch Tat und Werk gegeben werden. Leute von Ruhm können nicht ohne Befangenheit angesehen werden, sie haben ein Recht auf diese Respekterweisung, weil die Atmosphäre ihrer Leistung sie schützend und abwehrend umgibt. Bleibt hinter dem Werk noch eine Privatperson übrig, so entsteht eine Tragödie, die uns unerwünschtes Mitleid abverlangt, oder eine Komödie, die wir, nicht aus unsren besten Instinkten, neugierig oder boshaft inszenieren, in den meisten Fällen aber eine Tragikomödie. Der Mensch wird eigentlich nur so lange gesehen, als er, ein Werdender, Kameraden um sich hat, als er noch von dem Ganzen seines Wesens zu teilen oder mitzuteilen bereit scheint.

Thomas Mann ist nie in Reih' und Glied gegangen, ist nie mit literarischen Plänklern ausgeschwärmt und hat nie ein empfangenes Losungswort weitergegeben. Aber Jugend braucht ein Echo, einen Zuspruch, einen Beweis ihrer Wirkung, der sie ihrer Lebendigkeit, ihrer Fruchtbarkeit versichert. Arthur Holitscher erzählt uns in seiner „Lebensgeschichte eines Rebellen", wie er dem bescheidenen jungen Lektor, der die Annahme eines Manuskripts vermittelt hatte, draußen in Schwabing, in einem noch halbfertigen Hause, seinen Besuch machte. Ein Piano stand in dem Arbeitszimmer, auf dem Schreibtisch stand ein bekränztes Porträt von Tolstoi; vor dem Bilde türmten sich zu beträchtlicher Höhe große, mit graziöser steiler Schrift bedeckte Manuskriptblätter. Es waren die fast vollendeten Buddenbrooks. „Mann geigte vorzüglich, und ich begleitete ihn, so gut ich konnte. Heute hatte er mir, ehe wir zu musizieren begannen, ein Kapitel aus dem Schlußteil des zweiten Bandes vorgelesen: Die Szene beim Zahnarzt, und das, was dann folgte: den Tod des Vaters auf der Straße. Einige Tage vorher hatte ich daheim eine andre Szene durchgelesen, Mann hatte mir das Kapitel gebracht, in dem geschildert wird, wie der junge Leutnant drin bei Hannos Mutter sitzt, und das Zwiegespräch von Hanno mit seinem Vater hatte mich, wie alles, was ich von Mann bisher gelesen hatte, mächtig ergriffen und mit Bewunderung dieser mächtigen Plastik der Darstellung erfüllt. Es zitterte über den Worten eine schmerzliche Ironie, und sie war auch deutlich zu spüren, wenn Mann von seinem Leben sprach, das mancherlei Gram und Kümmernis zu enthalten schien. Wir hatten uns heute, herzlicher als bisher, über Dinge unsres Lebens ausgesprochen, meine Einsamkeit war durch Zweifel an meiner Arbeit beunruhigt und bedrückt, diese Angst wenigstens blieb Mann erspart, denn er kannte seinen Wert. So waren wir, ich fühlte es, in diesen Nachmittagen einander näher gekommen, und ich ging mit dem frohen Bewußtsein die Straße entlang, einen Freund zu haben." Die Freundschaft, wenn es eine war, wenn es sich nicht, namentlich von Seiten des jüngeren Norddeutschen, um ein vorübergehendes Anlehnungsbedürfnis handelte, wurde einige Jahre später, als sie vielleicht gar nicht mehr bestand, durch eine Komödie der Irrungen beendet, auf die der Chronist noch zurückkommen muß, da es sich um literarische und öffentlich vorgebrachte Beschwerden handelt. Ich habe in meinem Leben bemerkt, daß es herzliche Beziehungen nur zwischen Gelehrten gibt, die sich eine Art von Unschuld oder Kindhaftigkeit bis in ein höheres Alter bewahren. Schon der bildende Künstler muß auf der Höhe vereinsamen, der ein fröhlich Handwerk hat, und der Schriftsteller muß es noch mehr, der gar keins oder wenigstens ein unfröhliches hat. Schriftsteller von Ansehen und gesicherter Wirkung werden kaum besser als in diplomatischer Vorsicht, Macht mit Macht verkehren können; ihr natürliches Verhältnis ist das der Ausschließung, wenn nicht der Ablehnung. Das Wort ist das leichteste, das unsinnlichste, das zugänglichste, das „ungelernteste" von allen Kunstmaterialien, und so wird es am leichtesten verdächtigt. Und so ist es am empfindlichsten. Das Wort braucht ein größeres Alter, um respektiert zu werden, um für sich geltend zu machen, daß es nicht anders hätte sein können. Schriftsteller noch mehr als andre Künstler sprechen von sich selbst, wenn sie von ihren Geschöpfen sprechen, und sie zeigen sich väterlich gereizter, wenn die Methoden ihrer Kindererziehung bezweifelt werden. Man kann sich Maler vorstellen, die nebeneinander pinseln, und Bildhauer, die nebeneinander meißeln. Das hat es sogar schon gegeben. Aber nicht Schriftsteller, die nebeneinander Papier beschreiben. Das Handwerk hat etwas Scheues, Ängstliches, ungesund Anspannendes, Absonderndes, Einschließendes, und weil es kein richtiges Handwerk ist, weil die Inspiration, die mehr als ein lyrisches Gedicht verlangt, hingezogen werden muß, wird es gern mit Geheimnis umgeben. Wenn Thomas Mann sich heute erinnert, mit wem er wenigstens in der Jugend ein kameradschaftlich wärmeres Verhältnis gepflogen hat, so möchte er wohl den Namen Kurt Martens nennen, der ihm damals um einige Jahre und auch um einige Erfolge schon voraus war. Mit gutem Humor erzählt der Verfasser einer „Schonungslosen Lebenschronik", wie stürmisch bei einem literarischen

Abend ein großer Teil des Publikums auf Thomas Manns Vortrag verzichtete, nachdem Martens aufgetreten war, und wie gründlich sich dieses Verhältnis umgekehrt hat, als er bei späterer Gelegenheit nun nach dem berühmten Dichter der Buddenbrooks sprechen sollte. Dem Leipziger Martens war schon die erste Novelle von Thomas Mann und sein Gedicht „Zweifacher Abschied" in der „Gesellschaft" aufgefallen. Weniger die trotz eigenem Tone noch zaghaft tastende Form als der Bekenntnisdrang einer Persönlichkeit, die er sich nach Herkunft, Gefühlsrichtung und inneren Erlebnissen verwandt glauben mußte. Aber er ahnte nicht, daß dieser Thomas Mann in seiner Nähe zu finden war, bis er eines Tages aus der Redaktion des Simplizissimus eine von ihm gezeichnete Annahmeerklärung über einen novellistischen Beitrag erhielt.

„Sofort bat ich ihn um seinen Besuch. Er stellte sich auch wirklich ein. Überaus bescheiden, fast schüchtern, doch in guter Haltung trat ein ernster, schlanker Jüngling über die Schwelle. Sein kluges, besinnliches, in sanfte Schwermut getauchtes Gespräch bezauberte mich, wie niemals eines Mannes Worte je zuvor. Wir besuchten einander von da ab immer häufiger. Er bewohnte in einem Armeleuthaus der Feilitschstraße (?) ein dürftiges Stübchen. Dort spielte er mir ein paar Mal Geige vor und erzählte von einem großen, zweibändigen Romanentwurf, mit dem er sich ohne viel Selbstvertrauen schrecklich plagte.

Als ich das erste Kapitel durch ihn kennenlernte war ich im Begriffe, vor Bewunderung zu erstarren; denn es wollte mir so vorkommen, als wäre da etwas geschrieben worden, das höher stand als die ganze erzählende Dichtung dieser Zeit."----

Kurt Martens hatte sich mehr als Thomas Mann im Leben umgesehen, er war Student und Soldat gewesen; er hatte mit der literarischen Opposition mitgemacht, die in Berlin, in München, in Leipzig mit ihren Vereinigungen, Zeitschriften, Freien Bühnen die Bourgeoisie in Aufregung hielt, die das Staatswesen des Industriellen, des Landrats, des Reserveleutnants, des Konsistorialrats und aller bis auf die Knochen Loyalen frech verhöhnte. Es war die Zeit des dauernden Ärgernisses, in der das Strafgesetz mit Aufruhrparagraph, Unsittlichkeitsparagraph, Gotteslästerungsparagraph und vor allem Majestätsbeleidigungsparagraph der Kunst und der Literatur die bösen Geister noch auszutreiben suchte. Das Talent in Deutschland war niemals gesellschaftsfeindlicher und staatsloser gewesen als in der Wilhelminischen Ära, die bald sogar der Wissenschaft den Parademarsch beibrachte und nur den aufrührerischen Geist der Schmutzmaler und Schmutzdichter nicht zum Strammstehen bringen konnte. Vielleicht hat Martens damals dem friedlichen, auf seine eigensten Erlebnisse angewiesenen Kameraden zugeredet, wie Freiligrath von Herwegh in der einen berühmten Nachtsitzung zum Rotglühen gebracht worden ist: Bis ich alles wußte, bis ich deinen ganzen Haß schweigend ehren mußte. Aber Thomas Mann war sich selbst sein einziges Material, seine einzige Frage, sein einziger Brennstoff, der rein aufgezehrt werden mußte, und seine Sympathie galt wahrscheinlich weniger dem literarischen Zerstörer, der Fäulniserscheinungen am Riesenbau des Reiches witterte, als dem angenehmen jungen Mann von stillen guten Manieren, die aus ähnlicher Abstammung und Familienüberlieferung, die aus gleich gut gelüfteter Kinderstube bezogen waren. Als Kurt Martens den in seiner Ruhe und Verbindlichkeit so widerstandsfähigen Kameraden kennenlernte, versuchte er auch, ihn ins Leben, oder was Thomas Mann lächelnd das „derbe" Leben nannte, mit verhaltener Absicht hinüberzulocken. Der treue Versucher bildete sich ein, daß seine Kunst, daß sein „nicht sehr weiter Blick" dadurch gewinnen würden. Aber der Kamerad, der das Manuskript der Buddenbrooks immer höher türmte, der lange harte Rechenschaft allein von sich verlangte, ließ sich nicht abwenden, weiter nach innen zu blicken, und so blieb Kurt Martens auch schließlich nichts übrig, als sich dem Jüngeren unterzuordnen und den nach seinen Ursprüngen Grabenden in dem tieferen Schacht zu lassen, den er geduldig abtastete.

Als Thomas Mann die hellblaue Uniform anzog und die Mütze aufsetzte, die zu der königlich bayerischen die Kokarde der Republik Lübeck gestattete, waren die Buddenbrooks gerade abgeschlossen und nach Berlin an S. Fischer gesandt worden. Aber die Antwort ließ auf sich warten, der Verlag hatte sich nach dem kleinen und schlanken Herrn Friedemann auf zwei dicke Bände eines dem Publikum kaum vorgestellten Schriftstellers wohl nicht gefaßt gemacht. Mehr als der für den Parademarsch unpassend eingerichtete Fuß schmerzte ihn die Beunruhigung, da er im Lazarett Muße genug zum Sorgen und zum Grübeln fand.

Lieber Herr Martens!

Durch meinen getreuen Grautoff, der in diesen schlimmen Tagen den Liebesboten zwischen mir und der Freiheit macht, habe ich gestern den Inhalt meines Briefkastens und damit Ihre freundlichen Zeilen erhalten. Haben Sie besten Dank dafür, im Besonderen für die anerkennenden Worte über den „Weg zum Friedhof".
Wie Sie sehen, bin ich bereits invalid, habe eine Woche lang in der Kaserne gelegen und bin vorgestern hierher überführt worden. Es handelt sich um meinen rechten Fuß, der für den Parademarsch so unpassend eingerichtet ist, daß er vielleicht meine Pensionierung veranlassen wird. Der dumme Herr, der mich für diensttauglich erklärte, hat das Gebrechen übersehen.
Ihr Bericht über die Seance Rothes hat mich geradezu betrübt! War der Betrug wirklich eklatant? Dann bin ich fast froh, nicht dabei gewesen zu sein.
Über meinen Roman weiß ich noch nichts. Ich möchte Herrn Fischer gern den Simplizissimus dedizieren und bei dieser Gelegenheit um Nachricht bitten; aber ich habe jetzt keine Gelegenheit.
Schreiben Sie einmal wieder — hierher. Aber besuchen Sie mich nicht. Das mag ich nicht. Hoffentlich bekommen Sie mich in Uniform überhaupt nicht zu sehen.
Herzliche Grüße, auch an Ihre liebenswürdige Frau Gemahlin.

Ihr ergebener
Thomas Mann

Es kam schließlich eine Antwort mit bereitwilliger Anerkennung, aber auch mit Bedenken, es kam ein Vorschlag, die Vorgeschichte der Familie Buddenbrook einzudämmen und den ganzen Roman in einen Band zu zwingen. In diesem Umfang hatte, der Dichter seinen Roman ursprünglich angelegt, aber er war jetzt überzeugt, daß sein über die vorbestimmten Grenzen so weit hinausgetretenes Werk auch gegen seinen eigenen Plan recht behalten hatte. So schrieb er von seiner ärarischen Bettstelle im Lazarett unter den nicht sehr verhaltenen Gesprächen und Spaßen der Kameraden mit Bleistift einen von den Briefen, in denen das Letzte gesagt wird und denen ein Mensch von Einsicht und künstlerischer Witterung nicht widerstehen kann. Als der Rekrut wieder zur Freiheit eines Zivilmenschen entlassen wurde, waren ihm die beiden Bände bewilligt.

BUDDENBROOKS

Der Roman, der Thomas Mann berühmt machen sollte, ist in Rom angefangen und in München vollendet worden; aber der Dichter war nicht hier und nicht dort, als er ihn schrieb. Die Buddenbrooks sind eine unterirdische Arbeit, sind als Dichtung und Wahrheit die Rechenschaft eines Menschen, wie sie so weit ausholend wohl noch nie angestellt worden ist, die Rechenschaft eines Menschen, der sich seine eigene Entstehung wie einen chemisch-biologischen Prozeß zu beweisen sucht. Ein Werk dieser Bestimmung, wie im Laboratorium und hinter geschlossenen Vorhängen entstanden, die es vor der Römischen Sonne wie vor den Münchener Gebirgswinden hüteten, ist zu einem Hausbuch deutscher Nation geworden, in dem das Bürgertum lustwandelt, in dem es gern die vertrauten Figuren grüßt, die so gar nichts von Formeln und Beweisstücken an sich haben. Wenige Werke sind so gegenwärtig, so wirklich, so oberirdisch geworden, nicht nur in Deutschland, sondern in dem gesamten europäischen Kulturgebiet, das noch germanisch bestimmt ist. Holländische, skandinavische, amerikanische Freunde, die allerdings nicht hundertprozentig sein durften, haben mich mit irgendeinem Kennwort von Johann oder Thomas oder Toni Buddenbrook begrüßt, was namentlich nach dem Kriege einen kleinen Händedruck bedeuten sollte. Der Roman vom Verfall einer Familie, von der Auflösung deutschen Bürgertums schien ihnen gerade als ein Hauptbeitrag zur Würdigung und zur Erhaltung deutscher Art zu gelten.

Bücher haben ihre Schicksale. Es ist Thomas Mann wie vor ihm vielleicht nur Balzac geschehen, daß ein durch und durch literarisches, von Ironien durchsetztes, von artistischen Nerven vibrierendes Werk bei dem Publikum Vertrauen und Anhänglichkeit fand, bevor es die Bedenken der Kritik gegen Komposition und Technik überwand. Auch der Biograph von heute, der Kritiker von damals wehrte sich mit vieler Anerkennung gegen die zweibändige Ausführlichkeit, die ihm eine gewisse technische Machtlosigkeit, einen Mangel an Befehlsgewalt auf seiten des Verfassers zuzugeben schien. Dem Kritiker schien der Schritt von dem ersten schmalen Novellenbändchen bis zu dieser zweibändigen Ausgewachsenheit allzu unvermittelt, und er meinte, daß die Vorgeschichte der Generationen vor dem eigentlichen Verfall der Buddenbrooks kursorisch abzutun, mehr als Voraussetzung in der Erinnerung der Letzten, der Absterbenden zu spiegeln war. Aber wer möchte heute etwa den alten Johann Buddenbrook mit seinem Hausgeistlichen, mit seinem Hausdichter vermissen und wer wird es nicht als einen Vorzug des Romans schätzen, daß jede Phase in ihm Gegenwart geworden, daß er vor der Künstlichkeit und Gebrechlichkeit sowohl wie vor der ledernen Umständlichkeit der ziemlich entsetzlichen Gattung des historischen Romans behütet worden ist? Und wer wird heute noch verkennen, daß der Roman trotz der breiten Auslandung des täglichen Lebens mit Geburten, Taufen, Hochzeiten, und vor allem mit den berühmten Mahlzeiten, nie still steht, daß er sich am unendlichen Band des Leitmotivs und gerade auch in Wiederholungen fortbewegt? Als der Verfasser, der sich alle Einwände der Kritik schon selbst während der Arbeit gemacht hatte, in seinem Wasserglasverband lag und aus dem Lazarett jenen Brief „auf den Knien seines Herzens" schrieb, war er kühn genug, auf den Nibelungenring als auf ein Beispiel allmählicher motivischer Abwandlung zu verweisen, auf die weitgespannte Erzählung eines Rhapsoden, die er in der Vergegenwärtigung der Teildramen als episch empfand, und er verlangte für sein Werk die Anerkennung der Rechte des Epos auf Vollständigkeit, Allseitigkeit, Verschlungenheit, die es gegen ihn selbst durchgesetzt hatte.

Die Entstehung der Buddenbrooks ist ähnlich wie die des Grünen Heinrich eine Leidensgeschichte, wenn der gesittete Thomas Mann auch mit sich selbst weniger cholerisch als der trotz fester Nietung zum Zerspringen geneigte Meister Gottfried umgegangen sein mag. Die Buddenbrooks sind wie aus einem Vakuum entstanden; sie meldeten sich erst, als Thomas Mann sich die epische Form ungefähr ausgedacht hatte, die gar nichts weiter als einen Inhalt brauchte. Wir haben erzählt, wie Thomas Mann in Italien seine ersten Erzählungen schrieb, pour se faire la main, wie der Franzose sagt, um sich die nötige Fingerübung anzueignen. Die epische Kunst braucht Masse, Quantität, Gewicht, was alles nur aus der Objektivierung der Persönlichkeit entsteht. Das schaffende Ingenium muß sich selbst zur Welt werden, in der Gesetzmäßigkeit herrscht, in der nur noch Entdeckungen, nicht Erfindungen möglich sind. Thomas Mann las die großen Romane von Tolstoi, er fand an ihnen den stetigen Gang des Epischen, des Homerischen, des Sich-selbst-Geschehens, er fand Tolstoi trotz allem Russentum und Urchristentum europäischer, sich näher und väterlicher als Dostojewski, der ihn auflöste, der über seine Figuren hinausschwärmend sich in Gott vergaß. Ein Patriarch und ein Büßer — naive und sentimentalische Dichtkunst. Tolstoi war ihm ein neuer Homer; Thomas Mann brauchte auch Vorbilder niederen Maßes, die ihn die Fingerübung lehrten, die die artistische Bewältigung des Stofflichen genauer und lehrhafter anzeigten; er las die Renée Mauperin der Goncourts, er schätzte den eleganten flüssigen Vortrag, das Nervenspiel einer außerordentlich rhythmisierten Prosa, die nie aussetzende Psychographie in der Begründung eines Einzelschicksals, das, von einem gesellschaftlichen Milieu bestimmt, von einem weiteren sozialen Hintergrund überragt, noch einmal mit typischer Geltung überzeugte. Das Wesentliche schwebte ihm vor als ein Ablauf individueller Strebungen, der durch eine Lebensstimmung in Bewegung, der durch ein Motiv in Richtung gehalten wird.

Die Lebensstimmung war pessimistisch. Thomas Mann hatte Nietzsche gelesen, noch bevor er mit Schopenhauer bekannt wurde, der seinen Thomas Buddenbrook mit dem großen Lied vom Tode verführt und zum Sterben reif und bereit macht. Ein Künstler, der nur die ihm zustehende Nahrung aufnahm, hat Mann nie Geschichte der Philosophie getrieben, hat sich auch sonst vor dem Nachteil der Historie gehütet. Es war der Romantiker in ihm, der Schopenhauer und Nietzsche zugleich umfangen hielt, so daß Richard Wagner trotz ironischen Einwendungen gegen die größte Verführung seiner Jugend immer noch in der Mitte bleiben konnte. Thomas Mann hat sich immer gern einen Moralisten genannt; es war „Jenseits von Gut und Böse" und die „Genealogie der Moral", die ihm hauptsächlich seine Lebensstimmung bestätigten. Das Wort von „der ganzen Not des Geistes" muß ihn getroffen haben. Sein Geist war in Not, weil er sich mit dem Leben entzweit hatte, und sein Leben war in Not, weil es als ein wirkliches, als das seiner Vorfahren hinter ihm lag, weil es an der Buhlschaft mit dem Geiste sich geworden war. „Alle großen Dinge gehen durch sich selbst zugrunde, durch einen Akt der Selbstaufhebung: so will es das Gesetz des Lebens, das Gesetz der notwendigen, Selbstüberwindung' im Wesen des Lebens — immer ergeht zuletzt an den Gesetzgeber selbst der Ruf: Patere legem, quam ipse tulisti." Künstler urteilen eigensinnig, besser gesagt, eigensinnlich, weil sie niemals eklektisch Vorrat unbestimmten Gebrauches sammeln, weil sie nur nach ihrem Bedürfnis und mit ihrem ganzen umschaffenden Organismus aufnehmen. Thomas Mann ließ sich weniger von dem Zukunftslied des vergöttlichten Sängers hinreißen, als daß er seine heiligen Schmerzen an der eigenen Haut fühlte. Ihm blieb Nietzsche trotz allen Hammerschlägen der Philosophie mit der Vergangenheit verbunden, mit der Romantik, die noch einmal als Dekadenz dem Kultus des Vergehens und Sterbens huldigte. Die Dekadenz konnte ein Fest sein, indem sie alle verstorbene Schönheit noch einmal beschwor und sich dionysisch zum Untergang bekränzte. Die Dekadenz konnte analytisch vorgehen und als Dichtung gewordene Biologie — wie sie auch den guten Hans Castorp später wild macht — die wuchernde Liederlichkeit der Zellenbildung bis zu Verkümmerung und Verwesung studieren. Die Väter waren in Thomas Mann gestorben, die Familie hatte sich in einer Art wenigstens ausgelebt, nachdem Besitz, Pflicht, Rang von Jahrhunderten aufgegeben war. Das naive Verhältnis zum Leben hatte sich gebrochen. Der Bürger mit dem Instinkt der Selbsterhaltung, mit dem Frohgefühl der Selbstberechtigung, mit dem stolzen der Machtausübung, dem patriarchalischen der Arterhaltung war dahingegangen und übriggeblieben ein Wesen, das vom Ganzen abgefallen, das nichts als Individuum war und von dem ein Zellenbau im alten Sinn auf keine Weise mehr erwartet werden konnte. Vor keinem Werke von Thomas Mann steht ein heroisches „Incipit tragoedia"; sie sind alle leisen Fußes gekommen als sehr fertige, überlegte und überlegene Kunstprodukte, durch ironisches Doppelbewußtsein ausgeglichen und zu Spielen der Kunst beflügelt. Sein Werk hat auch keinen Naturschrei, aber es ist nie anders als aus echtem Erlebnis, natürlicher Empfängnis geboren, wie sorgfältig auch die Wochenstube abgescheuert wurde. Das Leben von Thomas Mann hat sich ganz in Literatur umgesetzt mit einer Restlosigkeit des Stoffwechsels, die von dem deutschen Schriftsteller selten erreicht wird. Aber erste Materie und bewegende Ursache ist immer das Leben geblieben.

Als Thomas Mann die Form der epischen Kunst durchdacht hatte, war sie ihm nicht mehr als ein leeres Gefäß, das auf den Inhalt wartete. Ich bin ganz einfach auf dem Wege, ein Genie zu werden — frohlockte Balzac, als er sich des Planes zur Menschlichen Komödie bewußt wurde. Thomas Mann hat nie dramatisch gelebt, so wenig wie Flaubert, so wenig wie Fontane, und wenn auch dieser analytische, selbstkritische, geduldige Geist von seinen Werken überrascht wurde, so geschah es hinterher, wenn sie, ihm entwachsen, ihn mit ihren eigenen Augen ansahen, wenn die Mühe verschmerzt war, wenn die Rechtfertigung ihn erreichte, die der einzige Erfolg des Künstlers vor sich selbst ist, daß in dem Werke etwas sich bewegt und ausdrückt, wovon Mühe allein nicht der zureichende Grund ist. Man stellt sich gern vor, daß die Inspiration den Künstler beseligt, und daß er das bekannte Rauschen der Adlerfittiche im Schaffen hört. Dieser Adler ist mindestens in der Literatur so gut wie ausgestorben. Der Schriftsteller wird schon zufrieden sein, wenn er sich einer schicksalhaften Mitarbeit verpflichtet glauben darf. Das Wunder, die Rechtfertigung „der guten Werke", wird erst hinterher festgestellt.

Als dem Tastenden, Ungewissen seine, nicht nur seine Ahnen erschienen, ging es durchaus mit rechten Dingen zu. Der epische Stoff, wie er ihn brauchte, mußte durch sein Milieu Bedeutung beanspruchen, er musste einen geschichtlichen Ablauf haben, ohne historisch im üblichen Sinne sein zu wollen, er mußte sich von seiner Persönlichkeit durchdringen lassen, damit er ihn beherrschen konnte. So beschloß er, indem er die Geschichte seiner Familie schrieb, den Stoff seinem Leben, seiner Lebensstimmung abzufordern. Als Material hatte er die Überlieferungen der Familie, die Erzählungen seiner Mutter, die eigenen frühen Erinnerungen oder Beobachtungen und alle die instinktiven Beziehungen, in Neigung und Abneigung, zu seiner Umgebung und Abstammung, die nun aufzuwecken waren. Es war also recht eigentlich eine Blutuntersuchung, die er vornahm, und ein Unternehmen, das uns im Allgemeinen erst in späten Reifejahren aufgegeben wird, wenn wir rückwärts zu sehen anfangen, wenn wir mit erworbener Selbständigkeit, mit der Berufung auf die Leistung in die Auseinandersetzung mit dem Vater, mit den

Vätern eintreten. Die Literatur war damals, ist es heute noch, voll von Empörern, die ihre Väter erschlugen. Dieses Jugendwerk hat den späteren Standpunkt der Reife vorweggenommen, es seufzt nicht als Klage, droht nicht als Anklage, es löst sich nicht in lyrischer Lamentation, es dringt auf Feststellung und Gestaltung. Als der um einen würdigen Inhalt besorgte Dichter die Geschichte seiner Familie in Angriff nahm, geschah es mit dem Verlangen, Grund und Boden unter sich zu schaffen und ein Fundament zu legen, auf dem er dann in beiderlei Hinsicht als Mensch und als Künstler bestehen konnte.

In seinen ersten Absteckungen hat Thomas Mann sich immer geirrt. Das gehört zu den Überraschungen, die erst erschrecken, die hinterher überzeugen. Der Kritiker von damals hatte durchaus richtig vermutet, daß der Erzähler sich ursprünglich auf die ihm nächste Geschichte, auf die des letzten Vaters und des letzten nicht mehr lebensfähigen Kindes beschränken wollte, also auf die Verfallzeit, die recht eigentlich schon vom Tode regiert wird. Dieses Buch, ungefähr ein Viertel des schließlichen Umfangs, sollte sich in fünfzehn schmalen Kapiteln absetzen, so wie Mann es bei den Goncourts oder auch bei den weicheren Skandinaviern gelernt hatte, die kein Kapitel von mehr als einer Gefühlsschwingung tragen lassen mögen. Aber wie andre kein Ende finden, fand er keinen Anfang. Die Geschichte griff immer weiter zurück, sie wollte gründlich erzählt sein und mindestens von der Generation an, von der die letzte sich noch Erbin fühlte, bis zu der in Anziehung und Abstoßung die innere Spannung noch reichen konnte. Thomas Mann hat immer eine Scheu vor der bloßen Historie gehabt, wahrscheinlich weil es da ohne eine Inszenierung und Kostümierung nicht abgeht, die seinem theaterfremden Naturell durchaus widerspricht. In dieser Not, als die Geschichte seiner Familie sich ihm zur Historie zu entfremden drohte, hat er sogar einmal an einen Pakt mit seinem Bruder Heinrich gedacht, der den ersten Teil der Buddenbrooks als den historischen übernehmen sollte. Wenn auch der im Kriege ausgebrochene Bruderzwist im Hause Mann nach beiderseitiger Annäherung der Standpunkte — denn um solche handelte es sich — ehrenvoll beigelegt worden ist, diese Goncourtsche Ehe war zwischen den beiden undenkbar auch während der italienischen Jahre, die sie enger als je vorher und nachher in gemeinsamer Not der Unentschiedenheit, der zögernden Vorbereitung zusammenhielten. Der Politische und der Unpolitische, der satirisch Angreifende, der ironisch Gestaltende, der nach Süden Gekehrte, der nach Norden Gekehrte, beide gute Europäer auf entgegen gesetzte Art, beide gute Demokraten mit widersprechenden Betonungen und beide als Schriftsteller in einer Spannung gehalten, die in ihrer äußersten Dehnung von D'Annunzio bis Theodor Storm reicht.

Thomas Mann, obgleich er an Tolstoi und an den Goncourts seine Muster genommen hatte, wollte weder einen historischen noch einen sozialen Roman schreiben. Das Seelisch-Menschliche ging ihn an, das immer das Fruchtwasser des deutschen Romans gewesen ist vom Wilhelm Meister bis zum Grünen Heinrich und zum Emanuel Quint. Das Soziologisch-Politische nahm er nur halb bewußt mit, es hat ihn in Wahrheit wenig gekümmert. Wohl kommen die plebejischen Hagenströms neben den Buddenbrooks auf, neben den Bürgern von altem verfallenden Typ die unbedenklicheren und anpassungsfähigeren Bourgeois, aber man fühlt im Roman sehr deutlich, daß der Verfasser sie sich weiter vom Leibe und von der Seele hält. Die Familiengeschichte ist eine erweiterte Ichgeschichte und auch nur als solche von derselben Blutwärme genährt. Man fühlt ziemlich deutlich, was da nur hinzuerfunden wurde und welche Figuren dem Dichter nicht mehr „verwandt" sind, sei es Toni Buddenbrooks erster Mann, Herr Grünlich aus Hamburg, der als Beweisstück etwas erfunden, sei es der Nachfolger Herr Permaneder aus München, der als Gegenstück doppelt erfunden scheint.

Thomas Mann hat uns selbst gern versichert, daß er im Erfinden nicht stark sei, aber er ist seiner Natur nach auch wenig darauf angewiesen. Mit Goethe beruft er sich auf die Genialität der Wirklichkeit, die denen, so sehen und greifen können, schon alle Hände voll zu tun gibt. Als die Buddenbrooks erschienen, fühlten sich seine Mitbürger sogar allzu sehr gesehen und gegriffen, etwas verwöhnt durch ihren Emanuel Geibel, der wahrlich nur Lieder gesungen und keine Menschen gebildet hat.

Lassen wir die Figuren zurücktreten, die an dem Roman nur behelfsmäßig tätig sind, Thomas Mann hatte einen Stoff ergriffen oder war von einem Stoff ergriffen worden, der seine Art von Produktivität auf das glücklichste in Bewegung brachte. Seine

Vaterstadt, seine Familie, seine Vergangenheit, das war ferngerückte Wirklichkeit. Der Dichter mußte sich erinnern, er hatte nicht zu erfinden, er hatte zu entdecken und nicht zuletzt sich selbst. Was aus den Buddenbrooks werden würde, das war von Anfang bestimmt; wie die einzelnen diesen allmählichen Prozeß fördern würden, das mußte sich erst ergeben. Der Dichter ist ein Magier, er zieht Schicksale an sich. Die Buddenbrooks fingen an ihm zu erzählen, bereitwillig und vertrauensvoll, weil sie selbst noch früher als der Fragende wußten, wie verwandt er mit ihnen war, trotz Tolstoi und Goncourts, trotz Entartungs- und Verfallsideen. Blut ist dicker als Tinte. Der älteste der also Zitierten, der alte Johann Buddenbrook, der vierelang zu seinen binnenländischen Geschäften gefahren war, sprach noch etwas Französisch, ein alter Aufklärer, der an Voltaire die Freiheit des Geistes, an Napoleon die ordnende Energie des imperialen Gedankens bewundert. Mit dem ältesten Buddenbrook tritt noch das achtzehnte Jahrhundert auf mit gepuderter Perücke, mit dem Spitzenjabot, mit der goldenen Schnupftabaksdose, der dann in der dritten Generation, der mit Nerven, die Zigarettenbüchse des Thomas Buddenbrook entspricht. Man muß aber dem Dichter für seinen ganzen Roman nachsagen, daß er ihn nicht aus Requisiten zusammengesetzt hat, wie viel er der Anregung solcher ererbten Reliquien schuldig geworden sein mag: der Familienchronik, der Familienbibel, dem Taufbecken oder dem ausgestopften Bären mit der Visitenkartenschale, der heute zu München in der Poschingerstraße dient. Der älteste Buddenbrook, als Bürger, als Patrizier, als Regent, wie er in Holland geheißen hätte, ist so sicher, daß er an allem zweifeln, daß er mit seinem Hausdichter, sogar mit seinem Hausgeistlichen über die Angelegenheit der Religion spotten darf. Nur an seiner patriarchalischen Autorität zweifelt er nicht, so daß sie auch nicht bezweifelt werden kann. Den Menschen hat Gott zum Gebrauch seiner Vernunft bestimmt, in den ihm auch die Natur nicht hineinreden kann. Wenn er sich einen Garten anlegt, so gehört ihm die Natur, so wie er sie bestellt und geordnet hat. Der Geist der Aufklärung ist männlich, Erziehung heißt Einpflanzung der Vernunft in den willigen jungen Geist, die Frauen haben nicht viel zu sagen. Als Thomas Mann diesen Roman schrieb, hat er gewiß keine großen historischen Studien gemacht, aber die Einfühlung in die Vergangenheit seiner Familie ließ ihn spüren, daß hier wie dort die europäische Seele trotz den Fortschritten der Technik frauenhafter geworden ist, nach Rousseau, nach Goethe, nach der Romantik, daß eine Gläubigkeit oder eine Glaubenssehnsucht zurückkehrt, die in den Pietismus zurückfließt oder poetisch-ausschwärmend fromme Laienandacht vor der Natur verrichtet. Von alledem kommt sozusagen nicht viel nach Lübeck, in eine alte Handelsstadt von derbem Erwerbssinn, behutsamer Bürgerlichkeit und wesentlich materieller Kultur, in eine selbstgenügsame Republik und Hansestadt, die etwas außerhalb des Reiches liegt, die weniger auf die geistigen Strömungen im philosophierenden Binnenland achtet als auf die der Ostsee, die noch unversicherte Schiffe und Frachten hin und her zu tragen haben. Im Binnenland wird immer mehr gedacht, in den Seestädten wird immer mehr gegessen, was auch mit dem Klima zusammenhängt. Aber Lübeck liegt schließlich nicht außer der Welt, und es beginnen die leisen, die inneren Verschiebungen, die die bürgerliche Festigkeit ins erste Schwanken bringen. Der Konsul Buddenbrook steht für den Fortschritt ein, für Handelsschulen, für technische Anstalten, für den Zollverein und für das Bürgerkönigtum Ludwig Philipps. Aber seine Frau ist pietistisch gesinnt, und er läßt sich von einem schwärmerischen Gefühl für Gott und den Gekreuzigten anstecken, das sich bei ihm noch einmal vergeistigt, während Frau Betsy mit Missionaren und andren Frommen mehr ein praktisches Christentum ausläßt an armen, kranken und verlassenen Menschen. Konsul Buddenbrook ist Bürger und Christ, er braucht eine noch höhere Rechtfertigung als durch sein Hauptbuch, als durch die Achtung seiner Mitbürger. Thomas Mann hat sich eines Großvaters erinnert von nicht nur bürgerlichen, von nicht ganz alltäglichen Gefühlen, die eben nur in der religiösen Sphäre zum Ausdruck kommen konnten. Thomas Mann, Norddeutscher und Protestant, hat diesen Vorfahren zweifellos auch in seinem Blut entdeckt. Ich kenne eine erhebliche Menge von Dokumenten aus der bürgerlichen Sphäre jener Zeit, patriarchalische Briefe gediegener Kaufherren an ihre zur Ausbildung reisenden Söhne mit deren respektvollen Antworten, und ich muß auch von daher dem Dichter bestätigen, daß er das Herz der Dinge getroffen hat, daß er ohne Wissen und Willen sehr historisch geworden ist. Wie echte historische Romane meistens nur entstehen, wenn sie es nicht sein wollen.

Wenn man einer Erzählung noch die Vorzüge nachrühmen darf, die der Leser im vollen Gefühl von Behaglichkeit schon empfunden hat, so wäre es besonders der, daß die Geschichte hier niemals abstrakt auftritt oder als Wolkenhimmel über dem Schauplatz der individuellen Vorgänge schwebt. Man hat sich vielleicht mit dem Autor wegen der sorgfältig angerichteten Mahlzeiten geneckt, wegen der langwierigen Veranstaltung von Festen und Feierlichkeiten, aber wenn es auch die Meister des Epos nicht lehrten, eine Erzählung wird bald analytisch, dürr und nackt, wenn sie sich nicht mit nährender Laune auch als Genre, als Täglichkeit und Gegenwart darstellt. Es scheint heute Wohltat, daß ein junger Dichter sein Bekenntnis — jedes Bekenntnis ist innerlichst pathetisch — auch schon mit Humor ablegen konnte. Die Märzrevolution und der neue Geist der Empörung wird zuerst durch Trina, die rebellische Köchin, angemeldet. Der Verlauf der Revolution zu Lübeck beweist einen guten Leser, aber auch einen Verwandten von Fritz Reuter. „Nich mal die Lampen sind angezündet ... Dat geiht denn doch tau wied mit de Revolution!" Carl Smalt aber ist froh, wenn das Ding vorüber ist und er für den „Herrn Kunsel" den Wagen holen darf. Das Historische ist auch noch Genre, rührendes Genre, wenn Morton, der Sohn des Travemünder Lotsenkommandeurs und geheime Burschenschafter, der Toni Buddenbrook klarmacht, daß es gegen die Adligen und ohne den König von Preußen gehen muß und wenn die beiden hoffnungslos Verliebten mit einer sehnsüchtig unbestimmten Vorstellung von Freiheit zusammen ins Meer hinaus schweigen. Toni Buddenbrook! Hier ist es Zeit, eine Liebeserklärung zu machen. Wer von unsern neueren Erzählern hat eine Frauenfigur geschaffen, die so munter drauflos existiert? Wir werden mindestens auf Theodor Fontane zurückgehen müssen, der ein alter Herr war, als er mit Frau Jenny Treibel schäkerte und sich in die kleine Effie Briest verliebte. Wie kommt ein ganz junger Dichter zu solcher Erfahrung, wie kommt er zu solcher Güte, die die Banalität verklärt und siegreich macht? Wir können die Madame Permaneder geb. Buddenbrook ohne Bedenken neben Madame Bovary stellen trotz allen Vorteilen der französischen Provinzialen, die gegen zwei unglückliche und lächerliche Ehen mit zwei romantischen Ehebrüchen und einem tragischen Sterben auftreten kann. Toni Buddenbrook überlebt ihren Bruder Thomas wie seinen kleinen Hanno, und sie lebt heute noch; denn ich sehe sie täglich, seitdem Thomas Mann mich auf die Merkmale aufmerksam gemacht hat. Sie hat die kindliche, leicht zuckende Oberlippe, sie hat das blanke Auge, das so schnell naß und wieder trocken wird, sie hat das richtige Wort für Freud' und Leid, bevor es noch ein andrer fand, und sie weiß immer, was zu tun ist, weil sie nicht in sich hinein, sondern aus sich heraus lebt. Toni hat nie etwas heruntergeschluckt, wie ihr Dichter sagt, nie etwas stumm verwunden, nie eine Beleidigung des Lebens ohne Antwort gelassen. Toni sagt: „Wie es im Leben so geht" — oder — „Ich habe das Leben kennengelernt." Toni hat den kindlichen Ernst, die kindliche Wichtigkeit, und darum auch die kindliche Widerstandsfähigkeit. Wenn sie geweint hat, ist es gut, und wenn sie an der Bahre des Bruders gekniet hat, so daß das Trauerkleid, aber nicht absichtlich, klassische Falten warf, so ist es schön gewesen. Es gibt Frauen, die sich in ihrer Dummheit genau so sicher einrichten wie andre in ihrer Klugheit; man ist zu einer Unterschätzung geneigt, bis man bemerkt, daß das Resultat nicht schlechter ausfällt, und man sich vornimmt, diesen Unterschied möglichst nicht mehr zu machen. Die Klugheit ist besorgt, die Dummheit ist heiter, und sie konserviert sich besser. Die Tonis werden im Alter immer hübscher mit einem Kindergesicht unter grauen Haaren, ihre Stirn ist wolkenlos und ihre Wange ohne Falten. Sie können viele Geschichten hinter sich haben, aber sie haben keine Geschichte. Die ganze Figur ist mit einem Lächeln geschrieben. Ich weiß nicht, ob die Frauen für diese Schwester schwärmen, die so gar nichts Erschwärmtes, gar nichts Gebietendes, gar nichts von den Wunschfiguren hat, für die die Sänger um 1900 in die Saiten rauschten, die auch so friedlich und bürgerlich steht neben den Dirnen, Dämoninnen, Vampiren der dramatischen Anklage- und Rechtfertigungsliteratur jener Zeit. Aber die Männer werden ihr zulächeln.

Toni Buddenbrook, Gegenteil einer Kassandra, hat an dem Drama wenig Anteil, das sich zwischen dem Bruder Thomas und Christian abspielt und das sie wohl als eine schwere innere Auseinandersetzung nicht einmal versteht. Thomas, der Chef der

Firma, der Senator und zweite Bürgermeister, ist ihr das Ausrufungszeichen hinter dem großen Namen Buddenbrook und Christian der Entgleiste, der Würdelose, das bange Fragezeichen. Aber dass die beiden verwandt sind und Verfallserscheinungen verschiedenen Grades, das kann ihrer einfachen praktischen Natur nicht eingehen, obgleich sie das Leben kennengelernt hat. Thomas ist die Spätblüte, der eleganteste und begabteste aller Buddenbrooks, der Mann der glänzenderen, der politischen Erfolge, der aber selbst nicht mehr an sich glaubt. Diese außerordentliche Figur, mit vorsichtigen liebevollen Händen geformt, die dauernd an ihr zu ziselieren scheinen, wird an den Schnittpunkt des Romans gestellt, wo die Entartung alter echter Bürgerlichkeit in Überfeinerung und Enttüchtigung, ins Subjektiv-Künstlerische sich vorbereiten soll. Der Mann mit der Neigung zum Superfeinen, zum Aristokratischen, wird so wenig zum Gecken, wie seine Neigung zur öffentlichen Ausstellung ihn zum bloßen Komödianten macht. Thomas ist gequält und zerrissen, eine durchaus tragische Figur, weil Pflichtgefühl, Verantwortlichkeit, Ehrenhaftigkeit ihn an die bürgerliche Tradition binden, während die andre Neigung, die wir die ästhetische nennen können, kein Objekt findet, wenn er es sich nicht selbst sein sollte. Es ist durchaus nicht zu kleinlich demonstriert, wenn der Herr Senator sich täglich das frische Hemd anzieht, weil er jeden Morgen eine neue Vorstellung von sich inszenieren muß, weil er mit der Hülle von gestern nicht mehr zu tun haben will. Der Gedanke wird wohl nicht ausgesprochen, aber er ist zweifellos tätig und von vorweggenommener tiefer Erfahrung eingegeben, daß der Senator Buddenbrook eine Existenz geworden ist, die nur noch die Gegenwart verträgt. Entwurzelte Menschen, einsame Menschen sind ja die Opfer und die Helden der modernen Literatur. Mit der Scheu vor der Vergangenheit beginnen die Väter in ihm abzudanken, welchen Respekt sich auch sein Pflichtgefühl abnötigt, und damit ist erklärt, warum er das alte Buddenbrookhaus verläßt, um mit seiner schönen Frau ein neues elegantes Heim, ein Haus ohne Vergangenheit zu beziehen. Jeder tätige Mensch braucht eine Rechtfertigung, aber die Instanzen wechseln, vor die eigene innere Nötigung und Anerkennung ihn stellen. Senator Thomas Buddenbrook entzieht sich innerlich dem alten Gerichtsstand, wenn man so sagen darf, der patriarchalischen Familienobrigkeit, aber als Übergangsmensch macht er sich auch nicht bewußt, daß er abgefallen ist, wonach er die Kraft aufbringen müßte, neue Verantwortlichkeit auf individuelle Veranlagung, auf persönliche Neubildung zu gründen. Ihn warnt die Erscheinung seines Bruders Christian; der zähe Kampf, den er mit ihm führt, ist der Kampf mit sich selbst. Die Bitterkeit und Gereiztheit, die ihn in diesem Zwist auch einmal die Haltung verlieren läßt, entspricht seiner eigenen Unsicherheit und Gebrechlichkeit.

Diese Generation leidet an der modernen Krankheit des doppelten Bewußtseins. „Es gibt in mir einen Menschen, der handelt, und einen, der zusieht" — hat Alfred de Musset gesagt, und dieser Satz ist in allen möglichen Variationen wiederholt worden. Eine ganze Literatur beruht darauf, die mit Stendhal anfängt und die mit Dostojewski nicht aufgehört hat. Nur daß die Zerrissenheit dort geheiligt wird als ein Dualismus, der uns damit quält, daß wir zugleich von hier und von dort sind, der aber auch dem andern in uns, dem Unverletzbaren, dem Unverbrauchbaren, mit einem Wort der Seele, Freistatt und Heimat sichert. Wenn Christian nicht doch ein Lübecker Bürgersohn wäre, wenn er, wovor sein Dichter ihn maßvoll hütet, ein Stück Literatur in sich hätte, würde er wahrscheinlich in die religiöse Sphäre entwichen sein. So ist er ein trauriger Neurastheniker. So bleibt er in seinen Angstzuständen grauenvoll allein, obgleich er seinen Klubkameraden als Spaßmacher dient, als Vertrauensmann auf den geheimen Wegen zu den in Lübeck geduldeten und nicht eben großartigen Lasterhöhlen, obgleich er Mitleid und Zuflucht bei irgendeinem derben Weibsbild mit einigen Vergangenheiten findet. Sein krankhaftes Wesen ist genau so Tatsächlichkeit, Bestand, Natur geworden wie die primitive Gesundheit der Schwester Toni, der letzten, echten, gläubigen Buddenbrook. Es gibt da eine Szene, eine der größten, sicherlich dramatischsten im Roman, wo der geschäftsuntüchtige, in jeder Hinsicht lebensuntaugliche, wo der geduckte, geängstigte Christian dem überlegenen und gefürchteten Chef des Hauses die Wahrheit sagt, die Wahrheit des Schwachen, der in diesem Augenblick der Stärkere ist, weil er seine Schwäche bekennt und sich auf sie stützt. „Du bist selbstgerecht" ... heißt es da ... „Du hast dir einen Platz im Leben erobert, eine geehrte Stellung, und da stehst du nun und weisest kalt und mit Bewußtsein alles zurück, was dich einen Augenblick beirren und dein Gleichgewicht stören könnte, denn das Gleichgewicht, das ist dir das Wichtigste. Aber es ist nicht das Wichtigste, Thomas, es ist vor Gott nicht die Hauptsache! Du bist ein Egoist, ja, das bist du ... Du bist so ohne Mitleid und Liebe und Demut ... Ach!" rief er plötzlich, indem er beide Hände hinter seinem Kopf bewegte und sie dann weit vorwärts stieß, als wehrte er die ganze Welt von sich ab ... „Wie satt ich das alles habe, dies Taktgefühl und Feingefühl und Gleichgewicht, diese Haltung und Würde ... wie sterbenssatt." Worauf der glänzende Chef des Hauses, der Senator Thomas Buddenbrook, einmal zugibt, daß er Christian innerlich gemieden habe, weil er sich vor ihm hüten mußte, weil sein Wesen für ihn selbst eine Gefahr war. Es ist die Szene, in der die Brüder Buddenbrook, ohne sich irgendwie nach ihnen zu richten, doch den Brüdern Karamasow am nächsten treten.

Als die Bürger Lübecks noch nicht wußten, daß sie durch die Buddenbrooks geehrt worden seien, haben sie den schlechten Sohn der Stadt, ungefähr wie Thomas den Christian, zur Rede gestellt. Was hatte der junge Mann, anständiger, alteingesessener Leute Kind, dem es zu Hause recht gut gegangen war, ihnen nachzumachen, wie sie essen und trinken, wie sie handeln und wandeln, was hatte er ihnen nachzustöbern, wenn sie nachts auf heimliche Vergnügungen gingen? Was hatte er ihre Physiognomien abzuzeichnen, ihre Gebärden zu karikieren, mit ihren Beinen zu gehen, mit ihren Köpfen zu wackeln. Hei is en Aap! Oder schlimmer noch, ein Volksfeind! In Lübeck an der Trave unmöglich, wie Ibsen es in Norwegen war. Man kann leider dem Dichter keine Buße auferlegen, die er nicht schon vorher an sich selbst entrichtet hätte. Ibsen hat seine Tollheit, im ganzen Umfang, bis in beide exzentrische Auswüchse, zugleich als Gregers Werle und als Hjalmar Ekdal gesühnt. Christian ist der Beinahe-Künstler, ohne es zu wissen, er steht am Anfang, noch im Affenhaften, wenn er seinen Freunden ein Mädel aus einer Londoner Music-Hall vormacht oder wenn er immer wieder die gelungenen Witze der jungen Leute in dem argentinischen Comptoir vormacht. Christian ist widerstandslos, und wenn eine Gebärde ihn ansteckt, muß er tanzen wie der Bär auf der heißen Platte. Der Degenerierte hat Beziehungen zur Welt, die den Buddenbrooks bisher unbekannt waren, ganz unvertraut nur Thomas nicht, der sich ja produzieren, sich ausstellen, sich mit Berechnung vorführen muß, allerdings in Staatsangelegenheiten und zu sonstigen würdigen Veranstaltungen. Thomas geht hart um mit seinen verfeinerten Nerven, dem Christian laufen sie weg, und der arme lebensunfähige Neurastheniker darf sich wohl für krank halten, von Halluzinationen heimgesucht, von Gespenstern bedroht, die um ihn tanzen, die ihn mit schrecklichen Gebärden verhöhnen und ängstigen. Ich habe im Anfang gesagt, daß alle Figuren von Thomas Mann wie die von Ibsen untereinander verwandt sind, daß sie sich alle gleichmäßig vom Blute des Dichters nähren, so kühl auch seine Haut sich anfühlt, so boshaft sein Auge sieht, so scharf seine Hand krallt. Christian, der Geisterseher, der verfallenste der Buddenbrooks, pflegt einen liederlichen Verkehr mit dem Tode; es ist der Trommler und Pfeifer, der die grotesken Gespenster tanzen läßt, der ihn mit lauter Mätzchen und Schikanen hänselt. Die grausigen Späße, die er mitmacht, bringen ihm den Beifall seiner Bummelbrüder, aber für die Schrecken und Ängste haben die Menschen keinen Respekt und kein Mitleid. Schon Christian gehört in den Zauberberg, und am Ende seines Weges werden wir den ernsten, gesitteten Hans Castorp treffen, der dem Versucher schließlich widersteht, nachdem er seinen Fall tüchtig durchgedacht hat. Aber der Tod nimmt den leichten Freund Christian nicht an, er wählt Thomas, der der ernstere ist und der ihm auf seinem Wege zuvorgekommen sein muß. Die letzte Maske des Bruders kann der Bajazzo nicht nachmachen, mit den verächtlich herabgezogenen Mundwinkeln, mit der echten Würde, die ihn ablehnt und noch einmal der Beschämung, dem Leben überläßt.

Wenn dieser Roman, Experimentalroman in viel genauerem Sinne als der Zolas, einen biologisch-chemischen Prozeß veranschaulichen sollte, so ist der Tod von Thomas Buddenbrook im genauesten Sinne eine Auflösung. Der beliebte und elegante Senator wehrt sich gegen das Sterben, indem er sich jeden Tag neu herrichtet, indem er das neue Haus einrichtet, das keine Vergangenheit, kein Alter haben soll. Wenn das Haus gebaut ist, zieht der Tod ein — das volkstümliche Wort beweist sich geistreich. Mit der schönen Frau Gerda ist eine fremde Macht in das Haus eingezogen, die es ihm mehr und mehr enteignet. Die Musik, die ihm eine freundliche gesellige Macht schien — der Großvater blies die Flöte — , bindet die Seelen der Nächsten als eine religiöse Gemeinschaft, die ihn ablehnt. Der Junge versteht nur den leidenden Vater. Aber der Kleine, der am Flügel phantasiert, ist nicht mehr sein Sohn und überhaupt kein Kind mehr. Die Geweihten sind da alle ebenbürtig, sie lösen sich ineinander auf, sie bekennen sich gegenseitig in der ihm fremden Sprache, die ihnen auch die fremden abweisenden Augen macht.

Der Senator weiß nicht, wie nahe er den Seinen, nicht mehr Seinen, gekommen ist, wenn er durch ein etwas zufällig aufgegriffenes und verstohlen im Garten genossenes Buch von der Wollust der Auflösung und Erlösung gekostet hat. Als Thomas Mann den Roman von dem Verfall schrieb, hat er Schopenhauer verschlungen, hat er die Tröstungen des Pessimismus genossen. Der Senator liest das Kapitel von der Unzerstörbarkeit unsers wahren Wesens durch den Tod. Die Entlassung aus der Kausalkette — der reiche Schoß des weltenschwangeren Nichts — die schmerzliche Lösung des Knotens — den die Wollust geknüpft hat — diese Rhapsodie macht ihn schweben, sie ist seine Musik. Kein Buddenbrook hat je gedacht, daß es eine Berechtigung gibt, an der Welt zu leiden. Der Wille schmachtet in einem Kerker, den ein Flämmchen des Intellekts nur notdürftig erhellt. Die Welt, die furchtbare, zwingende, Verantwortung heischende, ist nichts als seine Vorstellung, ist nicht beständiger als die Bilder einer Camera obscura, die auf seiner Kerkerwand erscheinen. Die Welt bleibt nicht, wenn er die Augen schließt, und er wird nichts verloren haben. Was der Unsichere, Geängstigte auf eine kindliche Art bezweckte, wenn er das neue Haus baute, wenn er alles Gestern ablehnte, das versichert ihm der Philosoph: es gibt nur Gegenwart, die Unendlichkeit hat keine andre Ausdehnung. Raum und Zeit beengen ihn nicht mehr, so daß er weitere Geborgenheit in neuem Weltgefühl findet. Die Mauern der Vaterstadt gebieten nicht mehr. Die überlieferten Familiengeschichten mitsamt der Heilighaltung der Firma verschwimmen in der Unendlichkeit. Das ist wie ein Abend am Meer, das letzte Segel taucht in die Dämmerung ein und es bleibt nichts als ein Gewoge ohne Richtung, ohne Ende, aus sich selbst schöpfend, in sich selbst zurückschöpfend und wunderbar beruhigend durch diese gelassene Zwecklosigkeit.

Es ist nicht unbedenklich, einen fast Fünfzigjährigen, einen Kaufherrn und Senator von nur weltmännischer Bildung schließlich noch an Schopenhauer heranzubringen. Thomas Mann wahrt sein Gesicht durch ironische Korrekturen, wie sich überhaupt diese frühe Kunstreife dadurch sichert, daß der Erzähler sich in keine Figur ganz verschwärmt, daß er ihr von dem eigenen Blute nicht mehr gibt, als sie vertragen kann. Thomas Mann, der Bildner, hält seine Punktierung, verletzt keinen Kontur, und seine Kameraden von der Dekadenz brachten ihre Bewunderung richtig an, wenn der entstehende Roman ihnen vor allem mit einer Plastik imponierte, die dieser Generation sonst versagt war. Der Senator Buddenbrook, der das Kapitel über die Unzerstörbarkeit unsres wahren Wesens durch den Tod gelesen, dem durch die Binde seiner sterblichen Augen schon Unsterblichkeit mit tausendfachem Glanze zugestrahlt hat, stirbt einen häßlichen Tod. Auf dem Wege zum Zahnarzt bricht er auf der Straße zusammen, das Gesicht im Straßenschmutz, in den eine Blutlache rinnt. „Sein Hut rollte ein Stück des Fahrdamms hinunter. Sein Pelz war mit Kot und Schneewasser bespritzt. Seine Hände in den weißen Glacéhandschuhen lagen ausgestreckt in einer Pfütze." Man stirbt doch nicht an einem Zahn – sagen die Leute. Und die Leute haben wie immer recht.

Die Geschichte der Buddenbrooks geht mit dem kleinen Hanno schnell zu Ende, dem immer etwas weh tut, der sich vor „dem allem" fürchtet, und der sein bißchen Lebenskraft in der Musik ausgibt. Die Mutter hat ihm nichts andres gegeben, sie behielt sich zurück, sie wahrte ihre Form, wo nur noch zu verlieren war, und die Väter haben ihm nur ihre Erschöpftheit hinterlassen. Thomas Mann hat dem kleinen Hanno die Leiden eines Schülers vermacht, die wir schon kennen; er hat bei dieser Gelegenheit mit Dr. Wulicke abgerechnet und mit dem ganzen Betrieb, der Feigheit und Lüge großzieht und einen Sklavensinn, der dann wieder herunterdrücken wird auf andre Sklaven. Der Dichter hat dem letzten Buddenbrook einen Freund gegeben, indem er sich an beide mitteilt; der eine hat die Musikseele, die ihn noch einmal wehrlos macht, der andre die Gabe des Wortes, das er zur Waffe schärfen wird. Diese letzte Partie der Erzählung legt sich etwas bloß als Einteilung, als Anordnung. Der kleine Hanno ist ja nur zum Sterben da, und da er sich nach dem Tode des Vaters damit Zeit lassen muß, kann er eben nur hingehalten werden, obgleich sein Todesurteil unterzeichnet ist. Nach der Abfertigung der Schule beginnt der Roman aus dem Epischen ins Lyrische zu schwimmen, da sich die Tatsachen, da sich die Widerstände verlieren, die seinen Gang hemmen und zugleich aufrecht halten. Es ist dem Erzähler auch von objektivster Haltung kaum möglich, sein Gesicht nicht zu zeigen, wenn er endlich das Buch zumacht, und man hört im letzten Augenblick seine eigene Stimme. Genug, der Schluß der Buddenbrooks ist lyrisch, musikalisch, aber der Schluß des Schlusses heißt uns das außerordentliche Kunstgewissen eines jungen Autors respektieren, der noch mit einer Fuge zu enden weiß, der die Klage um den kleinen Hanno auf den Chor der Frauen verteilt. Und der diese alten Mädchen, diese kindhaften Weibchen so scharf sieht, so zackig wie immer zeichnet, als ob es keine Träne im Auge gäbe.

Womit willst du denn schreiben, mein Junge, wenn nicht mit dem Herzen? fragte die alte George Sand ihren Gustave Flaubert, der sich beklagt hatte, daß er dieses die Ruhe des Künstlers beirrende Organ immer noch in der Brust spürte. Thomas Mann wollte eine biologisch-chemische Untersuchung anstellen, wollte Blutproben analysieren, zuerst und zuletzt die eigene, um den Verfall einer Familie darzutun, um ihre Geschichte zu erledigen. Die eben abgetan werden mußte, damit eine neue anfangen konnte. Von den Buddenbrooks durfte nichts übrigbleiben. Indem er sich in den Ahnen sterben ließ, wurden diese sehr lebendig. Es ist eben das Schicksal des Dichters, daß er nicht töten kann, auch wo er widerlegen, verneinen, ein Ende machen will. Da war also mehr Liebe im Spiel, als er sich selbst zugetraut hatte. Das sind die schönen, die fruchtbaren Irrtümer, die auch ein klarer Kopf begehen kann, wenn das Herz heimlich mitschreibt. Die Buddenbrooks sollten der Roman der Dekadenz sein, geschrieben von einem, der sich selbst für einen Abfall von der Bürgerlichkeit, von ererbten Bedingungen, Abhängigkeiten und Anhänglichkeiten hielt. Die Leute lasen es anders und ließen sich dabei recht wohl sein. Es ist nun einmal so, daß unser Lebensgefühl sich an jeder Kraft stärkt, die wahrhaftes Leben hervorgebracht hat. Kein Pessimist kann uns auf die Dauer berauben, er vergütet jeden Wert, den er uns entzogen hat. Es ist dem

Dichter der Buddenbrooks gewiß erst später klar geworden, daß er den Abschied von der Dekadenz schon im Herzen hatte, als er den Roman vom Verfall schrieb.

TONIO KRÖGER

In der gründlichen Bestandaufnahme seiner Betrachtungen eines Unpolitischen, die ihm über den Krieg weghalfen, sagt Thomas Mann, daß es ihm innerhalb seiner Grenzen gelungen sei, mit den Buddenbrooks die deutsche Prosaerzählung zu europäisieren. Zu den Anregungen aus aller Welt her, die ihn in der bangen Zeit der Entstehung ermutigten, russischen, französischen, skandinavischen, hat er sich als ein Verpflichteter bekannt. Man kann auch umgekehrt sagen, daß Thomas Mann den europäischen naturalistischen Roman verdeutscht habe, nicht weil die Buddenbrooks in seiner Heimat auf altdeutschem und besonders bürgerlichem Kulturboden spielen, sondern weil sie ein gewordenes, ein organisch gewachsenes, ein unebenmäßiges Kunstwerk sind, durch das trotz aller vorgenommenen Kühle das Leben selbst in breiter warmer Welle fließt. Mag das Kunstwissen an diesem reifen Frühwerk noch so europäisch sein, mit seiner inneren Haltung rückt es in die Tradition des deutschen Romans ein, der nie ein sozialer und politischer, der immer Erziehungsgeschichte, Bildungsgeschichte, Seelengeschichte war. Gerhart Hauptmann hat sich bis an die Wurzeln unsers Wesens mit einem religiösen Roman eingegraben; alle unsre politischen und sozialen Romane sind verpflanzt oder nicht einmal verpflanzt, sondern nur übersetzt und auf der Oberfläche geblieben. Ein Leinweber kann höchstens sechzig Jahre, ein adliger Gutsherr kann dreihundert Jahre alt sein, so ungefähr hat Theodor Fontane gesagt. Der eine konnte ihn menschlich befriedigen, der andre hat ihn künstlerisch angezogen durch die größere Fertigkeit der Form, an der Generationen gearbeitet haben. Thomas Mann werden immer die Figuren näherstehen, die Abstammung und Erziehung haben, die schon vor ihrer Geburt da waren, auch wenn ihnen eine Entwicklung, eine Umschaffung durch Abfall und Verfall auferlegt wird. Wenn ich mir heute die Stimmen ins Gedächtnis rufe, die diesen ebenso deutschen wie europäischen Roman begrüßten, so höre ich auch ein fröhliches Gut Heil, das diesen Roman des Bürgers nach dem Bauernroman „Jörn Uhl" bewillkommnete. Biderber Handschlag im Namen fortschreitender Heimatkunst und verständlicher Irrtum! Die alten Buddenbrooks hatten so sehr sich selbst übertroffen, daß sie durchaus für sich da waren, nicht als Zeugen eines Selbstbekenntnisses, nicht als Phasen eines Umsetzungsprozesses, den die Verehrer der Heimatkunst glücklich übersehen hatten. Man konnte sich an ihren Tisch setzen, man konnte mit ihnen lachen und weinen und überhaupt familiär umgehen. Ein guter Roman ist auch Lektüre, ob das Gemütsverhältnis zum Leser zugegeben wird oder nicht.

Als Thomas Mann in Göttingen aus seinen neuen Erzählungen las, sagte ihm ein Student zugleich fragend und antwortend: Nicht die Buddenbrooks sind Ihr Eigentliches, Ihr Eigentliches ist Tonio Kröger!? Dasselbe hatte sich der Biograph von heute, Kritiker von damals gesagt, als er den Tonio Kröger noch gar nicht kannte. Es ist der redliche Geist von Thomas Mann, der sich nach dem Erfolge und trotz dem Erfolge des Romans sogleich fragte, was denn nun sein Eigentliches sei. Aus dieser Frage – jedes seiner Werke ist aus einer Frage, einer Sorge hervorgegangen – entstand der schöne Novellenband „Tristan", durch den Thomas Mann, schneller als durch die Buddenbrooks, die Kritik überzeugt und besonders die Jugend bezaubert hat. „Tonio Kröger", das Hauptstück des Novellenbandes, ist ein Paragon zu den Buddenbrooks, in denen Schopenhauer offenbarer als Nietzsche auftritt. Philosophen können sich so wenig wie Dichter gegenseitig widerlegen, für Thomas Mann sind beide Romantiker, und wir haben ja auch längst den Weg erkannt, der von Nietzsche zu Hölderlin, von einem; Zarathustra zu einem Empedokles zurückführt. Der Geist streitet gegen den Geist, um nicht mehr bloß Literatur zu sein, um das unschuldige, gesunde, anständig-unproblematische Leben aus dem Doppelbewußtsein, aus dem schlechten Gewissen herauszubekommen. Der tragische Zug der Literatur des neunzehnten Jahrhunderts ist das Bewusstsein des Alters, das sich wieder jung denken will. Hölderlin und Nietzsche, Heine und Hebbel, Ibsen und Strindberg haben ihr drittes Reich gesucht, nur daß es vor uns liegt, daß es nicht wie die Rousseausche Utopie rückwärts gesucht werden kann. Das pessimistische Jahrhundert glaubte nicht mehr an den guten Menschen, es wollte aber am Ende glauben, daß das Leben gut und stark gemacht werden kann. Der dithyrambisch-konservative Lebensbegriff Nietzsches, wie Thomas Mann sehr ausdrücklich sagt, wurde in seinem Tonio Kröger zur erotischen Ironie, zu einer verliebten Bejahung des Lebens, der Schönheit, die er sentimentalisch genug in der Welt der Bürgerlichkeit, der als selig empfundenen Gewöhnlichkeit verwirklicht fand.

Das begeisterte die Jugend? Die sozialistisch, positivistisch, revolutionär gewesen war, die dann wieder von allen Relativitäten versucht, von ihrer eigenen Undeutbarkeit geängstigt, von ihrer Zerrissenheit rauschähnlich erregt auf alle Arten zwischen den Polen Nietzsche und Dostojewski neue religiöse Rechtfertigung suchte! Die spätere Untersuchung der unpolitischen Betrachtungen findet die Verführungskraft des Tonio Kröger eben in der ironischen Doppeltheit, daß das Leben hier gut weg kam, der Geist aber noch besser, weil er der Liebende ist, weil nach der Platonischen Schätzung der Gott im Liebenden, nicht im Geliebten waltet. Ironie war die tätige Vermittlung zwischen Bürgerlichkeit und Künstlertum, Gemüt und Artistik, Gesundheit und Raffinement, Anständigkeit und Abenteurertum, ein Situationspathos, das die Stellung von Nietzsche zwischen Dekadenz und Gesundung, zwischen Niedergang und Aufgang wiederholt, und zwar für unsre Begriffe nicht ohne Schwärmerei und in einer Art Miniaturausgabe. Storm und Nietzsche, alte und neue Romantik — wir finden es sehr mutig, daß ein Schriftsteller, der nun auch modern wurde, sich rückschauend zu dem sanften Meister deutschbürgerlichen Kunstfleißes bekennt. Man soll seine Väter nicht verleugnen. Das Lied Tonio Krögers — Bruders von Peter Schlemihl, aller Ausgestoßenen und Sehnsüchtigen unsrer Romantik — gilt der Heimatlosigkeit, also der Heimat, es ist das Weichste, Unmittelbarste, Lyrischste, was Thomas Mann geschrieben hat. Es ist bei aller Ironie nach der harten Arbeit der Buddenbrooks eine Entspannung, die er sich nun gönnen darf, eine verdiente Erholung mit etwas Selbstverwöhnung, eine erlaubte Pathetik, indem der Dichter sich selbst zum Gegenstand der Dichtung macht. Die Jugend, die immer gestaltlos ist, stimmte gern in die neue Schwärmerei ein, mit der sie sich schmeicheln konnte. Die Jugend braucht Pathos.

Tonio Kröger ist der am Leben gebliebene Hanno Buddenbrook, Sohn eines Vollbürgers mit vielen Ahnen und einer dunklen feurigen Mutter, die geschichtslos ist und durch die Musik noch einmal von der Bürgerlichkeit abgelöst. Tonio liebt die Mutter, ohne sie sonderlich zu achten; das Krögersche in ihm verlangt immer wieder nach der Rechtfertigung vor der fordernden und zürnenden Strenge des Vaters. Tonio Kröger liebt den blonden Hans Hansen und die blonde Ingeborg, von denen er viel weiß; aber sie wissen nicht von ihm, sie wissen nicht einmal von sich selbst. Der Geistige ist der Werbende, der Zweifelhafte, der Versuchende; er buhlt um das sichere Leben und nagt zugleich an ihm, weil ungebrochener, gesunder Instinkt ihn ablehnt. Sein Platz ist hinter der Glastür, wenn die andern tanzen; diese Kindheitsgeschichte wird auf die Stormschen Sehnsuchtsfarben Blau und Gold gestimmt. Die Ungeschickten, die Vernachlässigten, die Leidenden suchen Tonios Auge, das sich zu den Ganzen, den Unbedenklichen, den Lachenden verliebt abkehrt. Nur die Glücklichen erkennen sich gegenseitig an, aufrecht und ungekrümmt von mitleidiger Herablassung. „Damals lebte sein Herz; Sehnsucht war darin und schwermütiger Neid und ein klein wenig Verachtung und eine ganz keusche Seligkeit." Das sind Verse, so weit eine weiche und doch auf sich stolze Prosa skandieren darf.

Der berühmte Schriftsteller, der neue Peter Schlemihl, der alle möglichen Schätze für den verlorenen Schatten einhandelte, der Heimatlose, sieht die Heimat wieder. Dort wird er als ein verdächtiges „Individium" verhört und zu Protokoll genommen. Diese reizende Szene im Hotel zu Lübeck habe ich ursprünglich für eine Erfindung gehalten, die die Logik des Symbols fast zwangsläufig herbeiführen mußte. Das, was der Dichter gern nach Goethe die Genialität der Wirklichkeit nennt, hat ihm tatsächlich diesen bewunderungswürdigen Streich gespielt. Thomas Mann ist wirklich in seiner Vaterstadt verhaftet worden, weil man ihn für einen Hochstapler hielt, der aus München verschwunden war, und der sich nach der Vermutung der Polizei über die dänische Grenze verflüchtigen wollte. Es ist eine reizende ironische Preisgabe, daß der bedrohte Schriftsteller nicht ohne Selbstgefälligkeit als Ausweis eine Korrektur hervor bringt, daß er sich vor dem Auge des Gesetzes auf das gedruckte Wort beruft, auf die Autorität, an die die Menschen glauben, weil sie von seiner Zwiespältigkeit und Hinterhältigkeit, von seiner Bosheit und Rachsucht nichts wissen. Der klügere Wirt bedeutet den Schutzmann, daß mit dieser Legitimation alles in Ordnung sei. Der Schriftsteller scheint das durchaus nicht zu finden; er hält sich wohl weiter für ein verdächtiges „Individium" und vielleicht doch noch irgendwie verwandt mit dem Doppelgänger, der die Polizei interessiert. Hat er doch später in den Bekenntnissen des Hochstaplers Felix Krull die Blutsverwandtschaft von Verbrechertum und Künstlertum aufzudecken begonnen. Es ist mit beiden nicht in der Ordnung, und die bürgerliche Welt sollte sich vor beiden in acht nehmen, die sich Vertrauen in einer Rolle erschleichen, die mit dem Menschlichen spielen, um es einnehmend oder geschmackvoll, immer trügerisch darzustellen. Beide verüben eine unanständige Magie. Ein rechtschaffener, anständiger Mensch wird überhaupt nicht Künstler, obgleich der Künstler die begeisterte Naivität des anständigen Menschen braucht, um ernst genommen zu werden, um sich an seiner gutgläubigen Bewunderung wie an einer mißbrauchten Opfergabe zu mästen. Denn das Wort höhlt ihn aus, es macht den Künstler müde, sterbensmüde, das Menschliche darzustellen, ohne am Menschlichen teilzuhaben.

Sie sind ein Bürger, Tonio Kröger, ein in die Kunst verirrter Bürger — sagt Lisaweta, die Malerin, die in ihrem Atelier dem Freunde die Tasse Tee zu seinen beredten Klagen reicht. Aber die Bürger sind versucht, ihn zu verhaften, den Zigeuner mit Heimweh nach der guten Kinderstube, den Künstler mit schlechtem Gewissen, mit dem bürgerlichen Gewissen, das ihn alles Künstlertum als verdächtig, alles Außerordentliche als anrüchig, alles Geniewesen als tief zweideutig empfinden läßt. Bewunderung den Stolzen und Kalten, die auf den Pfaden der großen, der dämonischen Schönheit den „Menschen" verachten — aber er beneidet sie nicht. Denn wenn irgendetwas aus einem Literaten einen Dichter macht, so ist es diese seine Bürgerliebe zum Menschlichen, Lebendigen und Gewöhnlichen, ohne die nur tönendes Erz und klingende Schelle. „Schelten Sie diese Liebe nicht, Lisaweta; sie ist gut und fruchtbar. Sehnsucht ist darin und schwermütiger Neid und ein klein wenig Verachtung und eine ganz keusche Seligkeit." Dieser Tonio Kröger hat Nietzsche gelesen, aber Immensee nicht vergessen. Mit dem hohen Meister im Geist, mit dem altväterischen Meister im Gemüt, horstet er nicht zwischen Gletschern, sondern spaziert unten zwischen den Menschen mit seiner gepflegten Selbstunzufriedenheit, die schließlich eine Art neuer, erworbener Zufriedenheit ist, und so werden wir, alles in allem, um ihn nicht bange sein müssen.

Es sind trotz dem Titel nicht eigentlich Novellen, die Thomas Mann in diesem Tristan-Bande vereinigt hat, wenn man die Novelle nach ihrer Herkunft weiter für die strenge alte Form halten will, die den Erzähler zu der zurückhaltenden, scheinbar meinungslosen Sachlichkeit des Chronisten verpflichtet. Es sind im Allgemeinen Spaziergänge um eine Lebensansicht herum; der Autor macht sich Bewegung fast in einer Ferienstimmung, ein Lied auf den Lippen, munteren oder verweilenden Schrittes, jedenfalls wie einer, der sich Luft macht nach jahrelangem Sitzen an harter Arbeit. Der Geist und das Leben streiten sich, necken sich, sagen sich gegenseitig Unverschämtheiten und geben sich unverstellt mit einer fast lehrhaften Märchendeutlichkeit. Der Radfahrer im „Weg zum Friedhof" heißt einfach „das Leben", dem Lobgott Piepsam mürrisch nachschimpft, weil der frische Bursche mit der kecken Mütze sich nicht an die vorgeschriebene Chaussee hält. Und „das Leben" in der Tristan-Novelle, eine in Glanz getauchte Erscheinung, ist Anton Klöterjahn, der Säugling im weißen Korbwagen, der Pausback mit dem Beißring und der blechernen Klapperbüchse, der vor brutaler Gesundheit korybantisch lärmend den Schriftsteller Herrn Spinell in die Flucht schlägt. Die erste Novelle oder Groteske, sofort nach den Buddenbrooks entstanden, ist der offenbarste Übermut, den sich Thomas Mann gegönnt hat, blank poliert und in der Sonne glänzend wie die vernickelte Lenkstange des lustigen Radfahrers, der mit eigener Erlaubnis auch den Weg zum Friedhof fahren darf. „Du steigst ab, du steigst sofort ab, du unwissender Geck!" kräht ihm die Moral nach, die sich vor Wut einen Schlaganfall holt. Herr Piepsam wird in einen Sanitätswagen wie ein Brot in einen Backofen geschoben von zwei nett uniformierten Leuten, die sich auf so etwas amtlich und ohne Aufregung verstehen. Der Wagen ist auch appetitlich lackiert wie die ganze Geschichte, deren Reiz in ihrer Sauberkeit, in ihrer Präzision, in ihrer Schnelligkeit besteht, die zugleich Ruhe und Nachdruck hat. Wir Radfahrer nennen das: Durchtreten.

„Ozon und stille, stille Luft ... für Lungenkranke ist ‚Einfried', was Doktor Leanders Neider und Rivalen auch sagen mögen, aufs wärmste zu empfehlen." Das Sanatorium Einfried, wo der Schriftsteller Spinell sich von der zarten Frau des derben

Herrn Klöterjahn den Liebestod spielen läßt und ihr auch sonst den Hof macht, ist eine kleine lustigere Gründung vor dem Zauberberg, der ja zuerst auch, bevor die Anlage für einen großen Verbrennungsprozeß moderner Ideen ausgebaut wurde, etwas Kleines und Lustiges sein sollte. „Waren wir schon so weit, daß Herr Klöterjahn wieder in die Heimat zurückgekehrt war? Ja, er weilte wieder am Ostseestrande." Thomas Mann macht kein Geheimnis daraus, daß er es ist, der die Geschichte erzählt, und daß er sich einen Leser vorgestellt hat, als er sie schrieb. Thomas Mann, unser vornehmster Prosaist, bewirbt sich nicht um die Vornehmheit der Unerregbarkeit, die er, wie es scheint, trotz der Kenntnis aller europäischen Muster nicht für eine deutsche und vielleicht überhaupt nicht für eine echte Eigenschaft hält. Hier hat er jedenfalls die Hand im Spiel, in einem sehr lustigen Spiel, das es auf den Schriftsteller Spinell abgesehen hat. Der immer mit der sorgfältig gedämpften Stimme, wenigstens zu den Damen, spricht, der um seine behutsame, auf großen Füßen weich schleppende Erscheinung die kalte herbe Einfachheit des Empire als beistimmende und würdige Umgebung beansprucht. In einem Lustspiel von Lavedan wird bei Gelegenheit einer aristokratischen Jagdgesellschaft gefragt: Wo ist denn unser Dichter? — Il est allé rédiger la forêt. — Herr Spinell würde nicht einmal in den Wald gehen, um ihn zu redigieren. Der Wald selbst würde seine rein geistige Vorstellung von diesem Komplex wohl nur stören. Jedenfalls stört ihn die Sonne, die nur sinnlich macht, wie Tonio Krögers Kollege sich vor der beunruhigenden Zudringlichkeit des Frühlings ins Café rettete. Der Dichter gehört an seinen Schreibtisch, schon um keinen von den Augenblicken zu versäumen, in denen ihm die Gedanken unwiderstehlich zuströmen. „Wenn einer Herrn Spinell dabei beobachtet hätte, die Worte schienen ihm durchaus nicht zuzuströmen, für einen, dessen bürgerlicher Beruf das Schreiben ist, kam er jämmerlich langsam von der Stelle, und wer ihn sah, mußte zu der Anschauung gelangen, daß der Schriftsteller ein Mann ist, dem das Schreiben schwerer fällt als andern Leuten." Die Literatur bewährt sich immer noch durch ihre überlegene Flirtfähigkeit in bürgerlichen Kreisen. Neben dem Schriftsteller wird jede Bürgersfrau zu einer Bovary. Zwei Unverstandene verstehen sich. So geht es dem behutsamen Herrn Spinell mit der zarten Frau Klöterjahn, die, von ihm hoch vergeistigt, tief beseelt, nur noch die eine dumme Frage hat: warum er denn nicht selbst spielen kann, wenn er so schön über Musik zu reden versteht? Worauf Herr Spinell händeringend und mit dem Stuhl in die Erde sinkend errötet. Herr Spinell bekommt von dem groben Herrn Klöterjahn böse Worte zu hören, wie Neid und Duckmäuserei und Bangbüchsigkeit, und er, der Geist, würde von der Seite der Bürgerlichkeit, „des Lebens", wahrscheinlich auch Prügel beziehen, wenn die lungenzarte Frau nicht gerade an der musikalischen Ausschweifung des Liebestods sich ein Fieber geholt hätte. Herr Spinell verhält sich ähnlich zu Klöter-jahn wie Tonio Kröger zu Hans und Ingeborg, nur daß die Sache hier durchaus lustig abgemacht und, wie schon gesagt, durch den kleinen Klöterjahn schließlich ausgefochten wird. Es gibt wohl in der gesamten Literatur keine amüsantere Verspottung des Dichters mit der dunklen Psyche und der Dämonie für bürgerliche Kreise. Wir alle, die wir uns in Herrn Spinell mit der für Frauenohren gedämpften Stimme herzlich gern getroffen fühlen, pflegen ihm dafür die Hand zu drücken. Wir alle?

Zur Zeit der Jahrhundertwende, so erinnert sich Arthur Holitscher in der „Lebensgeschichte eines Rebellen", ging in München ein literarischer Vampirismus um, der manches Menschenopfer gefordert hat. Man wird sich auch des naturalistischen Dichters Meier bei Wedekind erinnern, der das Leben eines Freundes in Akte einteilt und ihm ein wahrheitswidriges, unüberzeugendes Schicksal vorwirft, weil das Stück mit den authentischen Erlebnissen durchgefallen ist. Um die Jahrhundertwende saßen Schriftsteller, Künstler und was sonst an Boheme dazugehört, in München etwas dicht aufeinander. Nach Holitschers Urteil litten diese Unbürgerlichen, oder wenigstens eine schöne wilde Zeit Unbürgerlichen, daran, daß sie aus dem gesitteten Durchschnitt ihrer eigenen Gesellschaftsklasse ausgeschlossen waren, daß sie sich in der Welt des Bürgers nicht mehr zurechtfinden oder schon geltend machen konnten. Die Befreiten oder die Deklassierten, wie man sie nennen will, waren aufeinander angewiesen, da man in irgendeiner Welt leben muß, die menschliche Beziehungen, Verständnis, Neigung, Freundschaft bewohnbar machen. So konnte es nicht ausbleiben, daß die Schriftsteller übereinander schrieben, daß der Stärkere die Haut des Schwächeren literarisch zuschnitt, nachdem er ihn menschlich erledigt hatte. Wenn der Verrat begangen, der Vertrauende, der Anschmiegende bürgerlich gerichtet, menschlich vernichtet war, pflegte der Mörder sich die Hände zu waschen mit der Erklärung, daß er nur Gerichtstag über sich selbst gehalten habe. Dieses Ibsen-Wort ist ja auch über Thomas Manns Tristan-Band zu finden. Wedekind selbst wurde einmal der Meier eines eitlen, aber gutartigen jungen Musikers, dessen bekannte Erlebnisse für die Tragödie „Musik" herhalten mußten. Infolge des Skandals ging der arme Mensch völlig verloren, zugunsten eines Stückes, dessen Unvollkommenheit sich nur durch das schlechte Gewissen des Meiers Wedekind erklären läßt. Gegen das Urteil Holitschers müssen wir übrigens aus unsrer Kenntnis des Theaters Berufung einlegen, da gerade dieses späte Wedekind-Drama sich auf der Bühne recht glücklich hält, da es mit einer Art unnachgiebiger Härte, die wir aber aus ihrem starken seelischen Einsatz begründen, sich aus sich selbst erklärt und uns menschlich beansprucht. Im Übrigen war Wedekinds Gewissen wohl auch nicht zart genug, um seine Hand zittern zu machen. Daß damals in München der Vampirismus umging, zu derselben Zeit übrigens auch in der skandinavischen Literatur, wie überall, wo die Schriftsteller allzu eng beieinander auf geistige Inzucht angewiesen sind, soll nicht in Abrede gestellt werden. Es kommt wohl darauf an, was die Kunst dabei gewinnt, und Holitscher hat ja für Strindberg und besonders für seinen Roman „Schwarze Fahnen", der einmal ganz Stockholm skandalisierte, ein rechtfertigendes Gutachten abgelegt. Großes Leid gibt großes Recht, und wer sich selbst nicht schont, kann auch einmal schonungslos sein.

Wir haben uns von Arthur Holitscher schon in einem früheren Kapitel erzählen lassen, wie Thomas Mann ihm im neuerrichteten Schwabinger Poetenheim mit den rot lackierten Stühlen eine Szene aus den Buddenbrooks zu seiner großen Bewunderung vorlas. Sie sprachen beide von ihrem Leben, von Kümmernis und Einsamkeit, und so verließ er ihn mit dem frohen Bewußtsein, einen Freund gefunden zu haben. Irgendein Umstand veranlaßte ihn, auf der Straße gehend sich noch einmal umzuschauen; da sah er, daß der neue Freund ihm nachblickte, nicht nur mit dem Auge des Sehnsüchtigen, sondern sogar mit einem

Opernglas bewaffnet. Im Augenblick, als er sich umschaute, war der Kopf blitzschnell aus dem Fenster verschwunden.

An einem der nächsten Tage erschien Thomas Mann schon sehr früh bei dem andern Dichter, der nach einer längeren Nacht gerade erst aufgestanden, seinen Besuch unausgeschlafen und ungewaschen empfangen mußte. „Der Besucher erwähnte nichts von dem Zwischenfall mit dem Opernglas. Durch mein halbwaches Gehirn huschte der Eindruck: Er sei gekommen, um mich einmal in früher Morgenstunde zu beobachten, dabei ein paar Einzelheiten über die Art, wie ich aussehen, mich benehmen würde, sowie auch über meine Behausung und die Dinge, die mich umgeben, aufzuzeichnen. Aber dieser Verdacht verschwand bald, und ich berichtete Mann aufs Neue, wie stark mich das, was ich aus seinem Buche kannte, berührt hatte, wie stark es in mir nachwirkte."

Als zwei Jahre nach dem Erscheinen der Buddenbrooks und nach ihrem verdienten Erfolge der Novellenband Tristan herauskam, ließ er ihn dieselbe Meisterschaft in der plastischen Herausarbeitung von Geschehnissen und Gestalten bewundern. Aber die Wärme, mit der Thomas Mann einige seinem Herzen besonders nahe Figuren des Romans umgeben hatte, fand er nur in der Tonio-Novelle wieder, in der der Dichter mit zarter Ironie, doch nicht ohne Wehleidigkeit sein eigenes Schicksal zeichnete und auszeichnete. In den andern Novellen tummelten sich als Karikaturen grotesker Helden des Alltags, die ihre Lebensuntauglichkeit ziemlich komisch zu beweisen haben. Urbilder aus Münchens Straßen, Bekanntschaften aus dem engeren Kreis, an Einzelzügen leicht erkennbar, waren dem Spott der lesenden wie der schreibenden Spießerwelt preisgegeben. „Sofort erkannte ich mich in einer dieser bösartig verzerrten Gestalten wieder und erinnerte mich plötzlich an jenes Opernglas, das ein schon von Natur aus scharfes Auge noch schärfer geschliffen hatte." Nachdem Holitscher zum bösen Spiel — Gleichgültigkeit erlangte er erst später — die gute Miene immer noch freundschaftlicher Anerkennung gemacht hatte, entschloß er sich zwei Monate später zu einem Briefe, in dem er gegen diese Art von Interpretation lebender Modelle einige moralische und künstlerische Bedenken vortrug. Thomas Mann antwortete, wie er sagt, auf dem Tone von Wehleidigkeit und Verletzung; die zarte melancholische Ironie schien mit einem Male bitter und scharf geworden zu sein.

Ich kenne jene Antwort von damals nicht, aber ich kenne die Antwort des Schriftstellers von heute, der nicht mehr in seiner Mansarde zu Schwabing, sondern in seiner Villa am Isarufer sitzt, der seine Stühle nicht mehr selbst lackiert und auch sonst nichts anstreicht, eben als ein Mann, der sich zu jeder Auskunft mit bewunderungswürdiger Sachlichkeit bereithält, der der Öffentlichkeit ein gewisses Fragerecht über die Haltung des Schriftstellers wenigstens zugesteht, über ein Leben in Leistung, das ihre Anerkennung selbst mit zu einem repräsentativen gemacht hat. „Rede und Antwort" ist ja bei ihm eine Bereitwilligkeit, mancher Frage zuvorkommend, die wir einem Dichter gern zu stellen pflegen. Der heute Fünfzigjährige, der aber dieses Alter und überhaupt ein bestimmtes Alter nicht hat, der in seinem Arbeitszimmer auf der andren Seite des Ecksofas hinter dem mit neugedruckter Literatur überbürdeten Tisch gelassen seine Zigarette raucht, auch im Wechsel von Rede und Antwort mehr zum Fenster als zu seinen Besuch gewandt, der sich wiederum die größte Mühe gibt, seinen Wirt nicht zu beobachten – der Herr dieses auf redlicher, verantwortungsvoller Arbeit errichteten Hauses von weniger künstlerischem als vornehm bürgerlichem Charakter gibt ohne Rückhalt zu, daß er in seinem ganzen Leben der Lust gefrönt habe, auf die Straße hinunterzusehen. Dieses Geständnis findet einen Verstehenden von gleicher Neigung. Die laute, die summende Straße ist hinreißend, interessant, die ruhige Straße hat eine mystische Stummheit. Die Straße ist eine Bewegung, eine unbestimmte Zielrichtung, die den Geist auf angenehme Weise mit sich nimmt, die ihn zugleich scharf und träumerisch macht. Wenn ich als Großstädter, irgendwo geboren, dann fast in einem Nirgendwo wohnend, dieser Hingezogenheit gern nachgebe, so muß sie dem Sohne einer Mittelstadt, einer alten, von Geschichte erfüllten Hansastadt, noch angeborener oder angewöhnter sein mit seinem viel näheren Verhältnis zu der Umgebung an Dingen und Menschen. Noch viel näher einem Schriftsteller, der seine menschliche Beziehung zum bürgerlichen Leben, zum Alltag und Durchschnitt gern eingestellt, einem Künstler, den schon die Wirklichkeit als ein beständiger Wachtraum erregt. Das alles sagte ich nicht ihm, sondern mir, und auch mir erst später, als ich allein war.

Thomas Mann gibt also zu, daß er gern einmal einen Blick auf die Straße wirft, und er gibt auch den Besitz, den Gebrauch eines Opernglases zu, mit dem er seinen Blick verschärft. Thomas Mann gibt aber nicht zu, daß er den enteilenden Besucher mit dem Opernglas visiert habe. Wenn es sich aber so verhalten hätte, wie es sich nicht verhält, brauchte er sich meiner Meinung nach durchaus nicht als ein Ertappter zu genieren. Der Gang eines Menschen sagt dem Kenner sehr viel, und wie viel mehr noch dem Seher. Der Gang eines Menschen ist geheimnisvoll und aufschlußreich. Wer hat nicht schon nach der Begegnung seiner Geliebten nachgeschaut, um die stumme Musik ihres Ganges, um den Rhythmus ihres Schwebens in der Bewegung zu empfinden? Und wie viel Irrtümer würden unterbleiben, wenn die Leute dafür ein besseres Auge hätten, das hier fast zugleich Ohr ist. Holitscher rühmt an des ehemaligen Freundes Figuren die plastische Herausarbeitung, die sich gewiß nie dadurch herstellt, daß ein bestimmtes Objekt mit seinen zufälligen Attributen nachgeschrieben wird, die aber zweifellos genährt wird durch die Lust an der unendlichen Gebrochenheit der Erscheinung, durch eine Lust zu sehen, die aber über bloß sinnliche Wahrnehmung weit hinaus oder vielmehr tief unter sie hinuntergeht als ein Vermögen der Seele und des Traumes, wenn es je bildend werden soll. Man muß also wohl dem Dichter die Freude an der Straße lassen und auch den Gebrauch des Opernglases, das, wie gesagt, durchaus nicht dem Kollegen in den Rücken gezielt hat.

Arthur Holitscher hat sich in einer der „bösartig verzerrten Gestalten" des Novellenbandes wieder erkannt; mit und ohne Opernglas beansprucht er, für den Schriftsteller Spinell Modell gestanden und gegangen zu haben. Mit den Familienverhältnissen auf dem deutschen Parnaß ziemlich vertraut und auch seit Jahren mit der sympathischen Erscheinung eines angesehenen Schriftstellers wohlbekannt, gebe ich meine Arglosigkeit preis, die diese Porträtähnlichkeit vordem übersehen hat. Durch das Modell selbst aufmerksam gemacht, muß ich die physische Übereinstimmung mancher Eigenheiten zugeben, die mich aber auch heute nicht hindert, das angebliche Modell und die Figur des Dichters völlig getrennt zu halten. Ich liebe diesen Schriftsteller Spinell als einen ungemein liebenswürdigen und trotz allem

Intellektualismus immer noch naiven Typus, in den ungemein viel hineingeht von den merkwürdigen Eigenschaften des Literaten und von den verdächtigen Kennzeichen seines Metiers. Die bloße Satire greift an und vertilgt das, was nicht sein sollte. Der Humor, der nicht anders als billigend, liebend schaffen kann, erhält sich seine Schöpfungen in Unschuld. Herr Spinell ist ein großes Kind, wie der lasterhafte Falstaff ein Kind ist, wie es Flauberts Homais auch ist trotz aller Apothekerweisheit und schließlich sogar Hauptmanns Werhahn trotz allen Drohungen seines autoritätsstarren Schnurrbarts. Also eine Figur, über die wir herzhaft lachen, während wir uns nie erlauben würden, über Herrn Holitscher zu lachen. Der eine hat seine Geschichte, und der andre hat seine Geschichte, und der eine beweist sich besonders dadurch, daß er ohne den andren existieren kann. Sollte in dem „engeren Kreis" darüber einmal anders gedacht worden sein, der Leser weiß nichts davon und braucht sicher keinen Wink und keine Art von Andeutung, um mit dem Helden der Tristan-Novelle genau so arglos wie mit irgendeinem Sohne von Thomas Mann verkehren zu können.

Mein Spinell, sagte Thomas Mann, indem er von seiner Sofaecke etwas an dem Besucher vorbei zum Fenster sieht, ist, wenn ich mich im Augenblick besinnen soll, durch ein weiches, knabenhaftes, verwischtes Aussehen gekennzeichnet, obgleich die Natur für seine Erscheinung ziemlich viel Materie gebraucht hat. Der Verfasser der Lebensgeschichte, den ich seit Jahren, seit Jahrzehnten nicht gesehen habe, ist heute, wie ich höre, ein stattlicher Herr mit weißen Haaren, eine durchaus geprägte Erscheinung. Was hat sie mit der als unfertig charakterisierten meines Spinell zu tun? Mein Spinell gebraucht die Schöngeistigkeit, die literarische Überredungskunst als Mittel der Verführung gegen eine Frau aus der Gesellschaft, aus der bürgerlichen Klasse; sonst aber ist er ungesellig und hält mit keiner Seele Gemeinschaft. Was hat dieser Literat, egozentrisch und unapostolisch noch mit Herrn Holitscher zu tun, der sich zum Kommunismus in der Farbe der russischen Sowjetregierung bekennt und der diesen politischen Ideenkreis, diese Weltanschauung in der deutschen Literatur mit Autorität vertritt? Es ist die ewige widerspruchsvolle Klage von Leuten, die sich porträtiert glauben, die daraufhin Beschwerden oder Ansprüche anmelden: „Das bin ich, aber ich bin nicht so." Wenn ich äußere Züge der damaligen Erscheinung, wenn ich, was nicht geleugnet werden soll, eine Maske des Lebens als Symbol benutzt habe, um sie mit andrem, mit eigenem zu vertiefen, um sie Situationen oder Erlebnissen auszusetzen, die ihrem Träger völlig fern liegen, so habe ich die Gestalt geschaffen, so gehört sie mir, so bin ich in dieser Gestalt so gut wie in den andren. Das Publikum, zu dem der Schriftsteller Holitscher wahrlich nicht gehört, pflegt den Verfasser gern in den Figuren wiederzuerkennen, die ihm die glänzenden, die romantischeren oder die sympathischeren scheinen. Ich bin aber Spinell, so gut wie ich Tonio Kröger bin; ich habe ihn lieb, und ich möchte mir ihn nicht nehmen lassen.

Wenn die Unterhaltung mit Thomas Mann nicht immer ungemein sachlich und fortschreitende Erledigung wäre, wenn er nicht selbst, wie wenige Künstler, die Fähigkeit hätte, sein eigenes Werk als etwas gegen ihn Gewordenes oder Behauptetes mit ruhigem unverliebten Auge anzusehen, so würde ich ihm bestätigt haben, daß ich durchaus eine Verbindung der Nervenbahnen zwischen Herrn Spinell und Tonio Kröger fühle, daß beide in sehr einleuchtender und belustigender Art für mich zusammengehören wie die Doppelmaske der Komödie und der Tragödie. Und daß ich auch aus Herrn Spinells intimen Bekenntnissen manche Aussagen herauszuhören glaube, die er sehr direkt für den Dichter gemacht haben könnte.

„Das Gewissen, gnädige Frau ... es ist eine schlimme Sache mit dem Gewissen! ... Ich und meinesgleichen, wir schlagen uns Zeit unsers Lebens damit herum und haben alle Hände voll zu tun, um ihm kleine, schlaue Genugtuungen zuteil werden zu lassen. – Wir hassen das Nützliche, wir wissen, daß es gemein und unschön ist, und wir verteidigen diese Wahrheit, wie man nur Wahrheiten verteidigt, die man unbedingt nötig hat. Und dennoch sind wir so ganz vom bösen Gewissen zernagt, daß kein heiler Fleck mehr an uns ist. Hinzu kommt, daß die ganze Art unsrer Existenz von schrecklich ungesunder, unterminierender, aufreibender Wirkung ist, und auch dies verschlimmert die Sache. Da gibt es nun kleine Linderungsmittel, ohne die man es einfach nicht aushielte. Eine gewisse Artigkeit und Strenge der Lebensführung ist manchen von uns Bedürfnis. Früh aufstehen, grausam früh, ein kaltes Bad und ein Spaziergang hinaus in den

Schnee ... Das macht, daß wir vielleicht eine Stunde lang ein wenig zufrieden mit uns sind. Gäbe ich mich, wie ich bin, so würde ich vielleicht bis in den Nachmittag hinein im Bette liegen, glauben Sie mir. Wenn ich früh aufstehe, so ist das eigentlich Heuchelei."

Deckt diese Neckerei nicht wie ein leichter Vorhang eine große ernste Perspektive, und läßt sich dieses entzückende Scherzo mit kaum verändertem Vorzeichen, nicht auch anders, nicht auch als Maestoso lesen als ein Bekenntnis des Schriftstellers Thomas Mann, der eigentlich ein „Inder" ist und der den fatalen Entschluß zur Individuation, den sittlichen Entschluß zum Leben sich täglich wiederholen muß? Der, wie er ungefähr an andrer Stelle sagt, der Ungewordenheit, der Unendlichkeit, dem Schlummern und Dämmern im formlosen Reich der Empfindung an jedem harten Morgen widerstehen muß mit dem Willen zum Werk!

Wir konnten dieses Thema, das an jenem heiteren Winternachmittag zwischen den beiden Ecken des Rundsofas behandelt wurde, um so eher als erledigt verlassen, als Thomas Mann sich über das Recht am eigenen Bilde, wie es das Bürgerliche Gesetzbuch nennt, gegenüber literarischer Benutzung in dem Schriftchen „Bilse und ich" vordem sehr gründlich ausgesprochen hat. Der Leutnant Bilse hatte das Skandalromänchen „Aus einer kleinen Garnison" verfaßt, das einen eng umschriebenen Kreis in seinen Handlungen und Gesinnungen kompromittieren sollte. Ein Schlüsselroman, ein Racheakt niederer Art, eine Indiskretion und Sensation in kümmerlichstem Deutsch. Dieser Bilse hatte die etwas unverdiente Ehre, während des Preßprozesses in Lübeck, der die Buddenbrooks zum Gegenstand hatte, als Vorbild, als Zunftbruder, als Gesinnungsgenosse des jungen heimischen Dichters zitiert zu werden. In den Buddenbrooks waren Heimatserinnerungen erkannt, waren manche Figuren in ihrer Lübecker Leibhaftigkeit festgestellt worden. Der Vertreter der Klage stand nicht an, „laut und offen zu behaupten, daß auch Thomas Mann sein Buch à la Bilse geschrieben hat, daß auch Buddenbrooks ein Bilse-Roman ist, und ich werde diese Behauptung vertreten". Die Begriffe Bilse-Literatur und Buddenbrook-Literatur gingen in seiner Anklage durcheinander, sie fielen sogar zusammen. Thomas Mann macht gern das Geständnis, daß ihm eine bedeutende Erfindungsgabe nicht zuteil geworden sei, ein Mangel, den er mit Shakespeare, mit Goethe und ändern Gekrönten teilen darf. Turgenjews adlige Jagdfreunde machten ihm eine Rechnung über die unfreiwillige Lieferung menschlichen Materials an seine Romane. Die Wetzlarer waren sehr böse auf den kecken Verfasser des Werther, der auf ihre Klagen recht ungerührt mit der Prophezeiung antwortete, daß sie einmal sehr stolz auf ihn sein würden. Wir haben vorher erzählt, wie der junge, noch unbewährte, noch unberühmte Thomas Mann in den italienischen Jahren eine Untersuchung über und gegen sich selbst anstellte, wie er die Geschichte seiner Familie als die stoffliche Materie ausbreitete, die er verarbeiten mußte, um sich selbst zu finden, um sich selbst zu beweisen. Der Leutnant Bilse hatte sehr genau gewußt, was er an Personalien zu enthüllen hatte, um eine bestimmte Wirklichkeit noch einmal zu einer geschriebenen Wirklichkeit zu degradieren und mit ihr denunzieren zu können. Ein Dichter aber muß sich auf Entdeckungen gefaßt machen im entstehenden Werk, und so klar ihm auch sein Ziel vorschweben mag, die Wege, auf denen er sich selbst begegnen wird, haben noch keinen Namen.

„Als ich Buddenbrook zu schreiben begann, saß ich in Rom Via Torre Argentina trenta quattro drei Stiegen hoch. Meine Vaterstadt hatte nicht viel Realität für mich, man kann es mir glauben, ich war von ihrer Existenz nicht sehr überzeugt. Sie war mit ihren Insassen nicht wesentlich mehr als ein Traum, skurril und ehrwürdig, geträumt vor Zeiten, geträumt von mir und in der eigentümlichsten Weise mein eigen. Drei Jahre schrieb ich an dem Buche mit Müh' und Treue. Und war dann tief erstaunt, als ich vernahm, daß es in Lübeck Aufsehen und böses Blut machte. Was hatte das Lübeck von heute mit meinem in dreijähriger Arbeit erbauten Werk zu tun? Dummheit ... Wenn ich aus einer Sache einen Satz gemacht habe — was hat die Sache noch mit dem Satz zu tun? Philisterei ... So aber ist es auf jeden Fall und nicht nur, wenn Jahre und Breitengrade das Vorbild vom Werke trennen."

Die Sache liegt jedenfalls so, daß Thomas Mann, der es in Lübeck nur bis zum Sekundaner und zum Herausgeber von zwei Heften einer Zeitschrift brachte, seine Mitbürger mit und ohne Opernglas nicht aufs Korn genommen hat. Sie waren ihm, wenn man die zu beobachtenden Feinde, die Lehrer, abrechnet, allenfalls komische, im Allgemeinen gewohnte, gleichgültige Figuren, besonders wenn sie zu seiner Gesellschaftsklasse gehörten. Als er die Buddenbrooks schrieb, begann er sich zu erinnern, er sah Masken, Physiognomien, Köpfe, alle möglichen Gesten und Äußerlichkeiten, kurz, er sah das, was er die sinnlichen Symbole der Wirklichkeit nennt, merkwürdige Gefäße oder Formen, in die er sein Leben, seine Seele schöpfen mußte. Diese Belebung oder Beseelung oder Vertiefung geschieht allein aus Kräften und auf Kosten des Dichters, es ist die Wirklichkeit, die sich in unsrer Vorstellung einsetzt, weil es die Wahrheit ist. Es gibt im Werk keine andre als die künstlerische Wahrheit, und wir haben auf ein paar Figuren im Roman hingewiesen, die nach unserm Eindruck weniger wahr sind, weil sie sich vom Blute des Dichters weniger genährt haben. Das, was sich beweist, die Bürgschaft, das Gesetz, ist nicht Übertrag von Wirklichkeit, sondern die Unablässigkeit der seelischen Vertiefung, die durchdringende Aneignung, die ein bloß Stoffliches, ein Unumgesetztes, ein Unpersönliches, nicht übrigläßt. Der Schaffende ist einsam mit sich selbst, er kann nicht mehr bilden als sich selbst, und er gibt sein ganzes Selbst preis, indem er die Welt preisgibt, die seine Vorstellung ist.

Das, was man Beobachtung nennt, ist kein Auf-der-Lauer-Liegen, kein beabsichtigtes Unternehmen, sondern ein beständiges Angespanntsein, eine leidende Tätigkeit des Nerventums, die sich bis zur Schmerzhaftigkeit verfeinern kann. Wie es Menschen gibt, die ihre Haut nie mit einfach vegetativer Wohligkeit tragen, die jede Temperatur in jedem Augenblick wirklich empfinden, und die immer erhitzt oder erkältet um ausgleichende Reaktion besorgt sein müssen. „Denn das Naturell der Frauen ist so nah mit Kunst verwandt." Der reizbare Künstler reagiert auf den Eindruck mit dem Ausdruck, er ist seine Wiederherstellung, seine Abwehr oder, wie Thomas Mann sagt, seine sublime Rache, die um so schärfer zurückschlägt, je feinere Reizbarkeit ihn getroffen hat. So nahe Thomas Mann dem Problem gekommen ist, er hat noch keine Veranlassung genommen, von dem Verhältnis männlicher und weiblicher Zellen im Organismus des Künstlers zu sprechen, von der erotischen Entsprechung zeugender und empfangender Organe. Die Beobachtungsgabe wird für die boshafte, also für die männliche Eigenschaft gehalten, während sie vielmehr als die empfangende, tragende, also weibliche geschätzt werden muß, als ein Instinkt vor allem, der sich kaum außer Tätigkeit setzen läßt, so wenig wie die Gewohnheit des Atmens. Das weiblichste Weib beobachtet mühelos, intuitiv, der männlichste Mann, in Stumpfheit isoliert, wird von keiner atmosphärischen Mitteilung erreicht. Der Dichter, ohne seelische Porenatmung nicht denkbar, sammelt einen Vorrat an Lebenskunde, den er selbst nicht kennt, bevor er ihn braucht.

Die Literaturgeschichte — was wäre sie ohne die Suche nach Vorbildern — verzeichnet urkundlich, daß Goethe die Herzogin Luise für die Eleonore und den Dichter J. M. R. Lenz für den Tasso verwandt hat, aber ganz bestimmt nicht so, daß er die beiden beobachtet hat, um sein Schauspiel schreiben zu können. Sondern diese Figuren sind ihm auffordernd begegnet, als er selbst in der Gefühlslage des Tasso — und in der ergänzend abwehrenden des Antonio war. Als Thomas Mann in der übermütigen Stimmung nach Vollendung der Buddenbrooks Lust bekam, das Verhältnis des Literaten zum Leben, das ja wohl zunächst sein eigenes ist, voll Selbstbelustigung mit einem heiteren Auge anzusehen, begegnete ihm die Maske eines Kameraden, in die er wie in die ehrwürdige antike Vorrichtung ein Schallrohr einsetzte. Daher die Bezeichnung „Persona", der die Weisheit der Sprache allmählich eine verinnerlichte Bedeutung abgewonnen hat. Der Schall mit dem lachenden Stakkato kam aber aus seiner Seele. Fragt nicht immer, wer es sein soll, sagt Thomas Mann, den der Staatsanwalt mit Bilse auf die Anklagebank setzte. Ruft nicht immer: das bin ich, das ist jener. Es sind nur Äußerungen des Künstlers gelegentlich eurer.

FIORENZA

Thomas Mann war etwas zufällig, wenigstens ohne bestimmtes Verlangen nach München geraten; es war kein Zufall mehr, wenn er als erfolgreicher Schriftsteller dort sitzenblieb und später seinen Hausstand gegründet hat. Man kann auf manche Weise mit einer Stadt auskommen. Henrik Ibsen hat im Cafe Maximilian seine Zeitung gelesen. Die Bayernhauptstadt gefiel ihm durch ihre Beziehungslosigkeit, weil sie nicht sein Zuhause war, weil sie ihn in bürgerlicher, in menschlicher Hinsicht völlig frei ließ, weil ihre sinnliche Atmosphäre sein Bedürfnis der Einsamkeit und Unabhängigkeit, seine Versenkung in dramatische Bohrarbeit mit wohlwollender Neutralität schützte. Die Stadt, in der Orlando Lasso gelebt hat, die über die Berge das Barock aufgenommen und immer noch etwas von Italien bewahrt hat, ist für den Nordländer entspannend und beschwichtigend, eine Ferienstadt, wenn man sonst nichts mit ihr zu tun hat. Die Stadt hat nichts von der scharfen Spannung sozialer Gegensätze, sie hat auch bis zu dem Kriege den Reiz des Unpolitischen, Unstaatlichen, Unangespannten besonders im Vergleich mit Berlin gehabt; es ist dort immer etwas Sonntag, erlaubter Müßiggang zwischen lässig betriebenen Geschäften, und die soziale Frage wird von da wahrscheinlich nicht gelöst werden. Der oberbayerische Dialekt, sinnlich, bildhaft, nie ganz roh, weil nie ohne Phantasie, dazu allen Gesellschaftsklassen obligat, erhält die Vorstellung von einem Volkstum, von einer Familienzusammengehörigkeit, die in ihrer Anspruchslosigkeit kleinbürgerlich, in ihrer Behäbigkeit noch patriarchalisch wirkt. Das Land scheint in die Stadt hinein, und der Münchener Bürger ist immer der Enkel eines Bauern, immer noch froh, der harten Arbeit draußen entronnen zu sein und an den Vergnügungen einer Stadt teilzuhaben, die vom Bockbierfest bis zur Redoute sich von den Jahreszeiten und vom Kirchenjahr abhängig machen. Der Künstler geht oft aus dem Volkstum hervor, der Kunstgewerbler hängt mit dem Handwerk zusammen, der Architekt wird ein großer Bürger, während der Literat etwas in der Luft schweben bleibt.

Thomas Mann hat sich mit München, wenn von einer inneren Beziehung gesprochen werden darf, auf ein ironisches Verhältnis geeinigt. Sein Traditionalismus, sein Gefühl für Vergangenheit und Ahnentum gestatteten ihm, in der unliterarischen Stadt, zwischen den Behaglichkeiten der Seele und des Leibes, zwischen Kirchen und Kellern noch die altdeutsch, besonders süddeutsch städtische Kultur lebendig zu finden, die sich nicht ohne Gegensatz, aber auch nicht ohne Verwandtschaft neben der zugleich materielleren und aristokratischeren Lebensform der väterlichen Hansestadt behauptete. Es ist merkwürdig, wie wenig das Talent verbindet, sagt Thomas Mann in Rede und Antwort. Künstlertum an sich schafft nicht die mindeste Solidarität, sowenig wie Geist das tut; der Geist ist nicht organisierbar, und die Meister sind einander die Fremdesten. Künstlertum ist keine irgendwie einheitliche und zusammenfassende Lebensform. Es ist eine Übertragung, Vergeistigung, Sublimierung grundverschiedener Instinkte, Lebenshaltungen, Sittlichkeiten und Blutsüberlieferungen — dieses Wort entscheidet. Thomas Manns wenige literarische Beziehungen, wenn sie irgendwie vorhalten sollten, konnten nur auf sachlicher Schätzung, auf fachmännischer Anerkennung der Leistung beruhen, und wenn sie mehr ins Menschliche rücken sollten, so mußte er durch Haltung gewonnen werden. Seine durch Sprödheit zurückgehaltene Neigung ging zu Leuten, die ihre Blutsüberlieferungen hatten, in denen die Ahnen noch nicht tot waren, also zur Familie von Hermann Bang. Die Buddenbrooks sind eben nicht nur geschrieben. Wenn ihn in der Münchener Welt Erscheinungen entzückt oder brüderlich angesprochen haben, so war es die von Eduard Keyserling, der nicht aufhörte Edelmann zu sein, als er Künstler wurde, der vielmehr als Künstler, auf höherer Ebene, noch einmal Edelmann wurde. In seinem Werke überzeugte ihn die Treue, die Verklärung seiner heimatlichen Erinnerung, die melancholisch - ironisierende Vergeistigung adliger Lebensstimmung in Strenge und Anmut. Wenn er sich irgendwo noch einen Bruder wußte, so war es der wirklich zu früh verstorbene Friedrich Huch, ihm am nächsten verwandt durch seine Abstammung aus norddeutsch patrizischem Bürgertum, ein kerndeutscher Künstler, so zart wie gediegen, anmutig und lehrhaft, zugleich modern und voll von Vergangenheit. Mit diesen Neigungen, mit diesem Anspruch an Haltung, mit dieser bürgerlichen Erwartung von Zuverlässigkeit und Sauberkeit finden wir Thomas Mann, recht unverführt durch das ausgedehnte Literatentreiben, durch das nicht immer entbehrungsreiche Bohemewesen, das München zu einem Capua der Geister, zu einem recht vollständigen Varieté von Exzentrizitäten machte. Frank Wedekind, dem Thomas Mann einmal eine bewundernde Studie gewidmet hat, war der Zirkusdirektor oder der Hexenmeister, wenn man ihn später nicht für den Priester halten wird, der Theolog und Kasuist genug war, um sich seine Teufel selbst austreiben zu können. Mit welcher feierlichen Korrektheit, mit welcher skurrilen Devotion er außerhalb dieses Kreises seine Verbeugungen anzubringen wußte, in seinem Reich zwischen der Torggelstube und dem Café Stefanie machte er sich jedenfalls durch eine Impertinenz gefürchtet, die das Beispiel von oben gab. Jeder hatte seine eigene Art von Rücksichtslosigkeit im Leben und in der Literatur; jeder schimpfte auf den andern und schrieb über den andern. Max Halbes Grobheit war westpreußisch, und die von Josef Ruederer war oberbayrisch; es kamen ja damals viele Generationen zusammen und viele Talente, wenn auch von manchen nur der Anspruch übriggeblieben ist. Auffallend die Zahl der Begabungen, die sich als jugendlich erwiesen und in den Mannesjahren erstarrten. Die Gelegenheit macht auch Dichter. Wo viele Literaten zusammenkommen, zusammen streiten, zusammen trinken, ergibt sich bald Literatur aus der Literatur, und der Adept findet leicht die Note, die der andre noch nicht hat. Eine Zeitlang, aber nur eine Zeitlang, kann aus solcher Geselligkeit, aus dem Ehrgeiz des Bestreitens und Überbietens produziert werden, umso mehr, wenn das Thema gegeben ist. Thema war Kampf gegen das Bürgertum, womit schon gesagt ist, daß Thomas Mann an dem konzentrischen Angriff auf die Mitte nicht teilnehmen konnte; Thema war Auflehnung, auf jeden Fall, gegen Staat, Kirche, Moral und sonstige Autorität. Der Schriftsteller hatte sich am weitesten von einer Bürgerlichkeit losgelöst, die ihn nicht kannte, und von einer Gesellschaft, die kennenzulernen sich nicht lohnte. Die Boheme in Berlin ist immer etwas Künstliches, Veranstaltetes gewesen und eigentlich nur existenzfähig, solange ein Cafewirt sie als lohnende Attraktion duldete. Die Boheme in München konnte sich auf natürlichere Weise als Kolonie, als anarchistische Selbstregierung erhalten, weil keine Gesellschaft da war, sie zu versuchen, kein Kapitalismus, sie zu kaufen. Der reiche Mann begegnete ihr allenfalls als der Protz, der „Großkopfete", der einen Schwindler der Kunst oder Literatur verdient, wie er früher einen betrügerischen Mönch brauchte. Die Korruption war bescheiden, sie wurde als ein Produkt der Inzucht erhalten; das Dämonische wurde in einer Erotik angelegt, die wenigstens auf Seiten des Mannes von gesundem Appetit, von Urinstinkten nicht verlassen war, oder es wurde bei den berühmten Tafelrunden ausgetauscht, die das Recht des Stärkeren, des Genialeren, meistens des Rücksichtsloseren anerkannten.

Von Thomas Mann dürfen wir annehmen, daß er sich nicht unter das scharfe Kommando von Max Halbe auf seiner Kegelbahn stellte, daß er sich auch nicht in die sanftere „Unterströmung" tauchen ließ, daß er ebenso wenig Neigung oder Fähigkeit zeigte, in Wedekinds Torggelstube mit den Streithähnen zu randalieren. Die innere Kriegführung im Bajuwarischen mit ihren Herausforderungen, Überfällen, Brandschatzungen, die mit Wedekind fanatisch wilde, mit Thoma oder Ruederer lustig plänkelnde, ließ ihn unbeteiligt, wahrscheinlich schon deshalb, weil er sich als ordentlicher Mann sagte, daß ihn, den Lübecker, das nichts anginge, und weil er sich als ordentlicher Künstler sagte, daß der norddeutsche lutherische Pastor ihm näherlag als der Kaplan Niedermayer aus Vilsbiburg. Was München ihm gab und womit er nicht schlecht lebte, das war der innere Protest gegen eine Lebensstimmung, die nicht die seine werden konnte, das war ein ironischer Vorbehalt gegen eine Stadt, die, um ein Lieblingswort von ihm zu gebrauchen, in „liederlicher" Fülle Kunst und immer wieder Kunst, Kunstgewerbe und immer wieder Kunstgewerbe hervorbrachte, einen Überfluß, den man nicht ohne Reklame loswerden, nicht ohne glänzende Verpackung in immer wechselnden, immer begeisterteren Programmen exportfähig halten konnte. Die Kunst schien ihm zu lang, der Geist zu kurz geraten. Thomas Mann bezeichnet sich gern als einen Moralisten, worunter er nicht einen Tugendhaften versteht, sondern im älteren, heute nur noch romanischen Sinn des Wortes den prüfenden Geist, der dem Bösen nicht widersteht, der sich auf das Böse einläßt, um mit ihm fertig zu werden, um sein eigenes Maß zu gewinnen. Gab es hier noch ein Böses, ein Unerlaubtes, ein Schreckendes, wo alles Gewerbe geworden war? Die guten Werke dieser Kunst schienen ohne Gesinnung, weil sie Bedarf statt göttlichen Auftrags suchten, weil sie den Glauben nicht hatten. —

München leuchtet in frühsommerlichem Sonnendunst unter einem blauseidenen Himmel mit springenden Brunnen, Palästen und Gartenanlagen, mit weißen griechischen Tempeln und roten Barockkirchen. Aus allen Fenstern klingt Musik, vor der Universität wird das Nothung-Motiv von jungen Leuten gepfiffen, denen literarische Zeitschriften aus den Seitentaschen ihrer Jacken heraus sehen. München bietet an in unzähligen geschmackvollen Auslagen Plastik der Ägypter, Plastik der Griechen, Plastik der Renaissance, Plastik aus Marmor, aus Bronze, aus Holz, aus Gips, Reproduktionen der schönsten Bilder aller Galerien der Welt, moderne Figuren, moderne Bilder, zerbrechliche Ziergläser, haltbare Steintöpfe, edle Knüpfereien, Kunst und Kunstgewerbe von überallher aus Städten und Dörfern, wo von wiedererweckten Kunsthandwerkern ein Stück Holz geschnitzt, ein Korb geflochten, ein Glas geblasen, ein Klümpchen Ton gedreht wird.

Ein Jüngling, der die Kapuze seines Lodenmantels über den Kopf geschlagen hat, blickt in den frohen Sommertag mit einem Ausdruck von Wissen, Begrenztheit und Leiden. Der Jüngling mit den Asketenaugen steht vor dem reichhaltigen, allen Richtungen und Neigungen zuvorkommenden Kunstgeschäft des Herrn Blüthenzweig am Odeonsplatz. Zwei junge Herren von akademischer Erscheinung würdigen die technisch vollkommene Photogravüre einer Madonna, die von der Pinakothek eben angekauft worden ist. Die Behandlung des Fleisches, der Linienfluß des Gewandes wird eminent gefunden. Man kennt den jungen Meister, der schon zweimal beim Prinzregenten eingeladen war, man kennt sein Modell, die niedliche kleine Putzmacherin, die er ins Pikante erhoben, ins Korrupte hinauf stilisiert hat. Dem Jüngling Hieronymus läßt das Bild keine Ruhe; nach drei schlaflosen Nächten findet ihn ein schwüler gewitterdrohender Morgen bereit; er bittet Herrn Blüthenzweig, die entblößte Wollust aus seinem Schaufenster zu entfernen, er fordert ihn auf, er beschwört ihn kraft seines Leidens, kraft eines Wissens, das die tiefste Qual und das Fegefeuer selbst ist. „Nehmen Sie das Bild aus Ihrem Fenster und verbrennen Sie es noch heute. —

Verbrennen Sie alles, was Ihr Laden birgt, Herr Blüthenzweig, denn es ist ein Unrat in Gottes Augen. — Die Ernte ist reif für den Schnitter ... die Frechheit dieser Zeit durchbricht alle Dämme ... Ich aber sage Ihnen ... " Herr Blüthenzweig, der sich vergebens auf die Freiheit der Kunst, auf den Beifall der Kenner, auf das Interesse des Staates berufen hat, überläßt die weitere Verhandlung mit einem armen Verrückten dem Packer Krauthuber, malzgenährtem Sohne des Volkes von furchtbarer Rüstigkeit. Hieronymus befindet sich außerhalb des Kunstladens und in einer Ekstase verzweifelten Hasses. Auf dem feierlichen Platz zwischen der Theatinerkirche und der antiken Loggia türmt seine Vision alle die frevelhaften Schönheiten aufeinander, die die Brunst der Kenner entzünden, ihre Maskenkostüme, ihre Schmuckstücke, Zierate, Propagandaschriften, alle die Eitelkeiten und Nacktheiten in Bronze, Marmor, Gips und Holz — zu einem riesigen Scheiterhaufen, der sich in Flammen setzt und unter dem Triumphgeschrei des Volkes prasselnd zusammenbricht. Man hat diese Novelle „Gladius Dei" damals wohl zu leicht genommen, als eine Groteske, als vorgestellte Möglichkeit von der andren Seite, als koloristische Ergänzung des Hintergrundes, da sie in dem Tristanbande erschien, wo Leben und Geist gleich gut wegkommen, wo sie sich gegenseitig necken oder sehnsüchtig umeinander buhlen. Man weiß sehr gut, woher der mondäne Tonio Kröger kommt, der von der Biographie seines Dichters mitlebt, man weiß nicht, woher der dürftige Hieronymus kommt, dem Vater und Mutter nicht genannt werden. Es war nicht nur ein heiterer Protest, mit dem sich Thomas Mann verwahrte, es war auch Protestantismus im Spiel, Unwille gegen hemmungslose Verbreitung von Kunstkomfort, sittliche Verwahrung gegen einen Profankult, der immer neue Götzen für neue Gläubige vergoldete. Wie ernst sie gemeint war, wie sehr sie einem Dichter im Blute lag, der nie Unerlebtes, Unbiographisches geschrieben hat, das sagt uns sein nächstes Werk, die dramatische Novelle „Fiorenza", die aus dem Präludium des „Gladius Dei" das Motiv nimmt, um es nun im größeren Stil und kontrapunktisch durchzukomponieren. München wird zu Florenz, Herr Blüthenzweig und sein Packer verschwinden von der Vorderbühne. Der Vorhang geht vor einem größeren Schauplatz auf, vor einer mächtigeren historischen Dekoration. Hieronymus hat seinen Lodenmantel abgeworfen und erscheint in der Kutte des Dominikaners als Bruder Girolamo, als Savonarola.

Thomas Manns „Fiorenza" kam in einem ungünstigen Augenblick heraus, scheinbar eine verspätete Nachzüglerin von literarischen Unternehmungen, mit denen sie aus sehr äußeren Gründen verglichen oder gar gleichgestellt wurde. Um 1900 war großer Fasching in der deutschen Literatur, die auch ohne innere Notwendigkeit auf das Theater drängte, um sich von allen seinen Illusionskünsten dienen zu lassen. Die Dekadenz hatte sich romantisch verkleidet, hatte sich alle möglichen Kostüme des Mittelalters, der Renaissance, des Rokoko anprobiert. „Wir spielen immer, wer es weiß, ist klug", sagt Arthur Schnitzler in einem seiner kleinen Versstücke, die der neuen Romantik präludierten. Die Leute auf der Bühne dichteten noch mehr an ihrem Schicksal, als daß sie es erlitten oder austrugen. Der Dichter war stärker als der Held, das Lied unsterblicher als die Tat, die schöne Form wichtiger als die Sache selbst. Als die Fiorenza auf die Bühne gebracht wurde, sagten sich die Leute: Nun ist auch Thomas Mann unter die Romantischen gegangen, in die Maskeraden und Serenaden hineingeraten, nachdem er mit uns so kluge, so ernste, so norddeutsch zuverlässige Prosa gesprochen hat. Wie kommt Lübeck nach Wien, wie kommt ein Verwandter von Storm und Reuter und Fontane unter die Troubadours, die den letzten Hauch des an der schönen blauen Donau sterbenden Walzers in die Literatur hinübergerettet haben? Und wenn die Dramen der andern sich schon lyrisch aufweichen, was will dann noch der Erzähler hinter ihnen, der dem deutschen Roman Wucht und Würde, der ihm deutsche Seele und europäischen Geist gegeben hat? Ich weiß nicht, ob es Thomas Mann nach der Bühne verlangt hat, als er nach dem „Gladius Die" das Motiv von Savonarola wieder aufnahm und seine Anschauung von der Renaissance gab, als er den Geist gegen die Kunst stellte und, Parteigänger auf beiden Seiten, in sich selbst eine Schlacht lieferte, womit allerdings die wesentliche Vorbedingung des Dramatischen gegeben wäre. Jedenfalls war noch nie ein Erzähler, den das Theater nicht versucht hätte, wenn auch Thomas Mann weniger als irgendein andrer von dieser Verlockung heimgesucht worden ist. Der Autor der Fiorenza war immerhin schon berühmt genug, um den damals noch sehr unternehmenden Ehrgeiz der Theaterleute begehrlich zu machen. Die dramatische Novelle wurde durch den Neuen Verein in München und von Max Reinhardt in Berlin aufgeführt. Aber das Stück, wenn man es so nennen will, hat wohl zur Welt und zu dem Dichter selbst mit seiner inneren Stimme nur gesprochen, als es 1918 in Wien von der Dramatischen Gesellschaft wieder vorgenommen, in Wahrheit von einer Zeitwelle nach oben gebracht wurde. Die Prophetie dieser Szenen wurde zum ersten Male verstanden, weil Europa noch von dem großen Erdbeben zitterte. Wenn die ganze Erscheinung von Thomas Mann, dem Unpolitischen und immer wieder Bürgerlichen, es sich nicht verbäte, könnte man ihn hier zu den literarischen Aktivisten rechnen, denen der zürnende Geist seines Propheten vorangeht: „Ihr habt die Moral vergessen. Nur wer euch richtet, kann euch retten. Nur der Arme kann richten." — Das wurde einen Augenblick verstanden, als in dem zusammengebrochenen Europa nach Verantwortlichkeiten geforscht wurde, als es sich einer materialisierten, überkultivierten, überästhesierten Vergangenheit entledigen zu können glaubte. Man darf sich auch von Thomas Manns religiösester Dichtung nicht zu einer gewaltsamen Bewegung verführen lassen, die ihn etwa zu Dostojewski ins östliche hinüberschiebt oder auch nur zu Sören Kierkegaard und seiner von Angst gewürzten Mystik. Aber der Dichter sagt in seiner Vorsicht durchaus das Richtige, wenn er in späterer Verwahrung gegen einen katholischen Rezensenten bedauert, daß sein Stück gerade bei einer von christlichem Geist beseelten Kritik keine Sympathie gefunden habe.

Thomas Mann sagt weiter, daß er darin vom ersten bis zum letzten Worte ein Kritiker der Renaissance ist, allerdings einer von der Art, der die zu richtende Erscheinung ganz in sich aufnimmt, sie ganz begreift und in ihrer Sprache zu reden weiß. Das ist ihm meisterlich gelungen. Wie literarisch auch geprägt und wie zwitterhaft meinetwegen in seiner Ausnahmestellung zwischen Buch und Bühne, „Fiorenza" ist kein Literatenwerk, sondern das Bekenntnis eines Mannes, dem vor dem Leben als Kunst, vor der Kunst als Leben, vor der Kunst überall, auf den Plätzen und in den Häusern, vor der Kunst an den Wänden und auf den Bänken, vor der Kunst in Bierseideln und Kaffeetassen, vor der Kunst, die getrunken und gegessen und mit der geschlafen wird, durchaus übel geworden war. „Es kommt nicht auf die Heiligkeit der Madonna an," sagt Aldobrandino, „sondern darauf, daß ich ein gewisses Grün gegen ein gewisses Rot setze." — „Ich bin ein Künstler", sagt Ghino, „ich bin ein freier Künstler, ich habe keine Gesinnungen. Ich schmücke mit meiner Kunst, was man mir zu schmücken gibt, und will den Boccaccio so gut illustrieren wie den heiligen Thomas von Aquino." Der eine macht die schönen Stühle und Sessel und Teppiche, der andere veredelt das ganze Handwerk unter der göttlichen Herrschaft der Medici, daß auch kein Pfefferkuchen des neuesten Kunstgeschmacks ledig bleibe. Alle diese Talentvollen und Ehrgeizigen haben etwas von Narrentum und Knechtstum, und alle diese Ungläubigen haben ihren Aberglauben, Schmeichler, denen man schmeicheln kann, Ausbeuter und Schwindler, die sich wieder ausbeuten und beschwindeln lassen.

Die schöne Rede ist eine Erfindung der Renaissance; die dialogische Anlage gibt Thomas Mann die Möglichkeit, die neuen Platoniker in dem reinsten Wasser ihrer Dialektik plätschern zu lassen. Seine Anlage hat viele Stufen vom Kunstgewerbler mit der verfeinerten, aber habsüchtigen, man möchte sagen, oberbayrischen Bauernhand bis zu den Literaten, denen der göttliche und wahrlich heilig zu sprechende Plato die Zunge gelöst hat, und noch höher hinauf bis zu den Fürsten, die Gelehrte und Philosophen, die wie der Magnifico selbst Dichter sind. Poliziano, der Fortschrittsmann am Hofe der Mediceer, spricht mit der feinen Zunge des Settembrini im Zauberberg, verliebt in die schönen Worte, die die Welt schöner, klarer, milder machen. Der Aufklärer entzückt sich an dem Untergang des Mittelalters. Was ist, wo ist noch Moral? Moral ist lächerlich! Die Moral ist unmöglich! Ein Lächeln geht hier über das andre. Die Fürsten, die gar Literaten, also noch einmal Dekadenten sind, brauchen, übersättigt, schon die Würze des Gegenteils, Liebhaber eines neuen Schauers, wie die Aristokraten in Schnitzlers Grünem Kakadu. Pico della Mirandola ist der Schönheit satt, die ein Geschrei der öffentlichen Gassen geworden, die man essen und trinken kann. Pico hat die kleine feine Neuigkeit, daß die Moral wieder möglich ist, daß man sich für sie lächerlich machen darf, gerade weil auch der Tapferste sich vor der Lächerlichkeit fürchtet. Während aller dieser glänzend geführten, von großer Laune gehobenen Unterhaltungen, während Lorenzo im Sterben liegt, während seine Freunde und Literaten schon die Nänie für ihn skandieren, ist nur von Savonarola die Rede gewesen.

Der Herr der Schönheit liegt im Sterben, der häßliche, schwächliche Lorenzo, der sich mit Geistesmacht zum Dionysos erhob, dem das Volk von Florenz erlegen ist, wenn es beim Tanze seine Lieder jauchzte, wenn die Würde der Männer, die Schamhaftigkeit der Weiber sich in heiligem Rasen seiner Gottheit opferte. Seine Korybanten, Künstler, Sänger, Literaten, helfen ihm sterben, helfen ihm in die Unsterblichkeit, indem sie ihm den großen Karneval zurückrufen, die Herrschaft seiner schönheitshungrigen, schönheitschaffenden Seele, den großen brünstigen Traum der Macht, der mit ihm nicht enden soll. Aber das Volk hat dem andren Häßlichen, dem dunklen Mönch, zugejauchzt, als er Fiore, seine Geliebte, die Beute seiner Seele, wie eine Dirne im Dom beschimpfte. Handwerker sind in das Haus eines reichen kunstsinnigen Bürgers eingedrungen, haben in der Vorhalle eine Statue zerschmettert — es war glücklicherweise keine Antike. Statt des heidnischen Evoe, das den Dionysoszug orgiastisch verzückt begrüßte, hat man den dunklen, drohenden Ruf gehört: Es lebe Christus! Wem gehört Fiore? Wem gehört Florenz? Wessen ist das Reich und die Macht und die Herrlichkeit? Der Schönheit oder des Geistes?

Der Prediger, der das Volk mit neuen Worten unterwirft, rückt dem Sterbenden immer näher, bis die beiden Mächtigen sich messen. Thomas Mann hat seinen Aufbau bis zu dieser Gipfelszene sorgfältig gestuft, auf dem letzten Absatz hat er sich noch ein Treffen zwischen Fiore vorbehalten und dem Priester, der als Beichtiger berufen ist. Die beiden kennen sich, und ich halte es für eine das Verhältnis verkleinernde Übermotivierung, daß ihre Beziehungen nicht rein grundsätzlich sind, daß einmal Liebessachen zwischen ihnen gespielt haben. „Ihr triebt mich auf die Kanzel" — sagt Savonarola. Fiore oder Frau Welt ist verbreitet genug, um sich auf frühere Bekanntschaft nicht berufen zu müssen, und der Mönch scheint mir nicht Mönch genug, wenn er den abgewiesenen und auf den andren Weg zum Ruhm verwiesenen Liebhaber zugibt.

Die beiden Kronprätendenten hier, wenn es zur lange aufgesparten Szene kommt, bestreiten sich als die notwendigen europäischen Gegensätze, der Hellene und der Nazarener, wie Heine sie nennen würde, aber sie verstehen sich auch wie zwei Spieler, die ihren Einsatz nach der Regel hergeben. Oder sie verständigen sich im Namen Nietzsches, mindestens über den Grundbegriff des Willens zur Macht. Muß die Welt denn gespalten sein? Die Welt ist ein williges Instrument, um darauf zu spielen, um sich darauf zu spielen. Darüber sind sie einig, und sie könnten fast wie zwei Auguren lächeln, wenn es nicht um die Macht ginge und um den Wettstreit, wer der Stärkere ist. Das eine oder das andre Ich? Mir scheint, daß sich der Bruder Girolamo auf diese Rede und Antwort zu sehr eingestimmt hat, wenn er den Propheten als den Künstler auslegt, der zugleich ein Heiliger ist, wenn er auf die Frage, was das Böse ist, sich dem Gegner und Versucher mit der Antwort anpaßt: Alles was wider den Geist ist. In seiner eigenen Sprache müßte es wohl lauten: Alles was wider Gott ist. „Ich liebe das Feuer" — heißt sein Abschiedswort an die warnende Fiore, die hinter dem Sieger im Streit den Scheiterhaufen glühen sieht. Wenn das Wort nicht literarisch anspielen soll, kann es anders als von Gott und in Gott kommen? Kann der Wille zur Macht dem Mönch unzerbrechlich sein, wenn er ihn selbst durchschaut, wenn er sich als Meister des Werkes, Künstler auf seine Art, statt als Werkzeug fühlt?

„Was heißt euch Geist?" geht die Frage weiter. — „Die Kraft, Lorenzo Magnifico, die Reinheit und Frieden will." Thomas Mann hat den Mönch zehn Jahre hinterher ertappt, er reißt ihm die Kapuze herunter. Reinheit und Frieden, das ist doch „human freedom and peace", in die platte Sprache der Zivilisation zurückübersetzt, das ist doch das größte Glück für möglichst viele, utilitaristische Bourgeoismoral, Literatur, die Politik geworden ist bis zur letzten Abflachung des modernen Aktivismus. Oder mit einem Wort: bis zu Heinrich Mann. Diese Polemik hat die Not des Krieges diktiert. Thomas Mann war im Kriege mit sich selbst, als er das Thema: Kultur oder Zivilisation, auseinanderlegte. Seine etwas verstrickten Argumente dringen auf eine Akzentänderung in der großen Szene, auf eine Umbetonung, die sich konsequent bis zu der Stellungsänderung durchsetzen müßte, daß der Dichter ganz auf die Seite des Magnifico und der Mönch als Zivilisationsliterat auf die Gegenseite geriete. „Der Tod ist es, den du als Geist verkündigst, und alles Lebens Leben ist die Kunst." Diese Meinung seines Magnifico teilt Thomas Mann, wie er sagt. Aber seine geheime intellektuelle Neugier habe doch dem Vertreter des literarischen Geistes gegolten und seinem Kunststück, sich mittels „wiedergeborener Unbefangenheit" zum theokratischen Demagogen tüchtig zu machen ... Mit dieser späteren Auslegung sind wir in eine Zwickmühle geraten. Wenn Savonarola den Tod als Geist verkündigt, so ist er ein Romantiker und das Gegenteil des Literaten, der fortschrittsgläubig, immer eine untragische Natur, die Zivilisation weiterbringt. Wie die Renaissance hier aussieht, hat Savonarola recht, hat er die Notwendigkeit für sich, die ihm Aufgang und Untergang in einem bestimmt. Der Geist ist ein flüssiges Ding, er nährt sich vom Leben und vom Tode, er nährt sich wohl immer zugleich von Bejahung und Verneinung. Wo der Geist hier auch mehr sein mag, flüssig und gleitend wie in zwei korrespondierenden Röhren, das Herz des Dichters war jedenfalls bei Savonarola, war es mehr, als er es später noch gewußt hat. Fiorenza ist ein protestantisches Werk, die Predigt eines Bilderstürmers, die Ablehnung eines nordischen Menschen, dem das lutherische Kirchenlied die erste Zucht gegeben hat. Nach dieser Erklärung des Standpunktes konnte Thomas Mann zu der Stadt, in der er lebte, ohne mit ihr zu leben, im Verhältnis der ironischen Duldung verbleiben.

KÖNIGLICHE HOHEIT

Thomas Manns Leben erzählt sich nicht als Abenteuer, es ist aber immer Geschichte gewesen, nie ohne Problematik, nie ohne Begegnungen, wie leise sie auch in der Gedämpftheit eines scheinbar nur kontemplativen Daseins herangekommen sein mögen. Es handelt sich ja bei ihm nicht letztens um die Spannung oder den Schwebezustand zwischen Bürgertum und Artistentum; diese sehr persönliche Situation deckt ein allgemeines Problem, eine tiefere Not, nämlich die Angst, das Leben zu verlieren. Das Leben überzeugt uns nicht anders als durch Bindungen, und wenn Goethe sagt, daß die Pflicht sehr viel, unendlich mehr die Liebe vermag, so ist in dieser Enge oder in dieser Weite das Ausmaß der einfachen Möglichkeiten wohl umgrenzt. Es gibt kein Leben ohne Verkehr, ohne Beziehung, von denen die letzte die Entbehrung ist, es gibt kein Leben, ohne daß wir mit andren denken, ohne daß wir uns von andren mindestens gefragt glauben. Der Künstler fürchtet Unfruchtbarkeit, wenn er die inneren Stimmen nicht mehr hört, die auch Menschenstimmen sind, wenn er aufhört, der Schauplatz von Gesichten zu sein, die auch ihre Gesichter sind. Ein Denker der Gegenwart, auf den wir in Zukunft wohl werden achten müssen, Rudolf Maria Holzapfel, hat in seiner einfachen faßlichen Weise über das soziale Analogieschließen gesprochen, durch das wir in den Bereich der wechselseitigen Mitteilung gelangen. Aus dem Ausdruck fremder Gestalten, Gesichter, Gebärden, Werke erschließen die Menschen die Art des Lebens und Geistes, die sie den umgebenden Körpern nach Maßgabe der Ähnlichkeit mit dem eigenen beilegen. Sofern aus der Annäherung ein Austausch geistiger Aussagen, Einflüsse und Handlungen hervorgeht, wird sie als Verkehr bezeichnet. Ahmt man in Gedanken diese Bewegung und deren Mitteilungsergebnisse nach, dann entsteht der „innere Verkehr". Das Verkehrsgefühl kann auf Beziehungen von Mensch zu Nichtmensch anthropomorph übertragen werden, aber die erste Analogie wird, wie verflüchtigt auch immer, noch in jede Beziehung hineinreichen. Beziehungslose Kunst ist ein Widerspruch. Kunst ist, um einmal Fachbezeichnungen zu gebrauchen, zugleich imaginativ und imitativ, nie allein eine apodiktische Aussage des Geistes, worüber sich auch die Radikalen des Expressionismus nicht lange täuschen konnten. Um auf unseren Fall zurückzukommen, während die „Fiorenza" als mißglücktes Theaterunternehmen auf einen Nebenweg verlaufen schien, war Thomas Mann noch auf den Tonio Kröger geprägt, und zwar zu eng geprägt, da das allgemeinere Problem der sozialen Loslösung, der individualistischen Vereinsamung hinter der besonderen literarischen Funktion einer erhöhten und beglänzten Figur noch im Schatten lag. Als sechs Jahre nach den Tristan-Novellen, die den Autor selbst im Vordergrunde zeigen, vier Jahre nach den Renaissanceszenen, die den Konflikt sichtbar genug zwischen seine Polaritäten spannen, der Roman „Königliche Hoheit" erschien, vermochte man den „inneren Verkehr", aus dem er hervorgegangen war, nicht gleich zu entdecken. Wir haben da fast alle nicht genau genug gesehen und ein Kunstwerk für ein Kunststück gehalten, weil es sich recht gläsern und durchsichtig gemacht hatte. Man fragte sich damals, was Thomas Mann mit einem Prinzen, mit einer Dollarprinzessin zu tun habe, die sich infolge einer sinnreich abgesteckten Veranstaltung kriegen und die ohne besondere Verdienste oder Anrechte glücklich werden. Heute wird es uns nicht schwer, auch in dieser zweckvoll gestellten Dekoration, die für eine an ihrer eigenen Bewegung belustigte Komödie gemacht schien, das Gleichnis, die Beziehung, die Handlung inneren Lebens zu erkennen.

Als der Tonio Kröger erschienen war, so erzählt Thomas Mann nicht ohne Genugtuung, schickte ihm ein Maler ein hübsches melancholisches Blatt, darauf ein König in spanischem Mantel, der auf der Höhe seines Thrones einsam in die Hände schluchzt. Dieser Künstler hatte schon in der Novelle den Hofroman vorgebildet gesehen und hatte „Königliche Hoheit" verstanden, bevor das Buch geschrieben war, während die Zunftkritik es nicht einmal verstand, nachdem es so prächtig gedruckt worden. Die Kritik zerbrach sich den Kopf darüber, wie er wohl auf diesen spröden und entlegenen Stoff verfallen sein möge, als ob er je mit einem andren Stoff zu tun gehabt hätte als mit seinem eigenen Leben. Wer ist ein Dichter? Der, dessen Leben symbolisch ist. „In mir lebt der Glaube, daß ich nur von mir zu erzählen brauche, um auch der Zeit, der Allgemeinheit die Zunge zu lösen, und ohne diesen Glauben könnte ich mich der Mühe des Produzierens entschlagen. ,Königliche Hoheit' ist nicht irgendein willkürlich gewählter Stoff, in welchen mein ‚Virtuosentum' sich verbiß und auf den meine Unkenntnis kein Anrecht hatte. Sondern indem ich nach meinen Kräften an dem Streben einiger weniger teilnahm, den deutschen Roman als Kunstform zu adeln und zu erhöhen, erzählte ich, auch diesmal, von meinem Leben."

Am Schluß dieser erzählten Komödie, die „Alles um Geld" und „Alles um Liebe" heißen könnte, läuten die Glocken, donnern die Böller, schmettern die Musikkorps, blitzen alle Degen, knixen alle Damen, weil Klaus Heinrich, der Erbprinz eines kleinen Landes und großer Schulden, die Milliardärstochter Imma Spoelmann zum Altar führt. Klaus Heinrich und Imma müssen sich am Fenster des Silbersaales zeigen und auf den Schloßplatz hinuntergrüßen, auf dem ein glückliches Volk vor Bewunderung, Dankbarkeit und Treue rast. Der kleinen Imma ist bange vor dieser Erwartung, vor dieser Gläubigkeit, da sie doch beide nichts vom Leben wissen, sie und ihr kleiner Prinz. — „Gar nichts, kleine Imma? Aber, was ist es denn, was dir endlich Vertrauen zu mir gemacht und mich zu so wirklichen Studien über die öffentliche Wohlfahrt geführt hat? Weiß der gar nichts vom Leben, der von der Liebe weiß? Das soll fortan unsre Sache sein: beides, Hoheit und Liebe — ein strenges Glück." Thomas Mann, der kein richtiger Münchener geworden war, verheiratete sich dreißigjährig mit Katja Pringsheim, der Tochter des angesehenen Mathematikprofessors, die wohl selbst wie Imma Spoelmann in diese dem Schüler Thomas Mann einst unheimliche Wissenschaft und auch in einige humanistische eingedrungen war. Der schon erfolgreiche Schriftsteller kam in ein wohlhabendes, in größerem Stil gehaltenes Bürgerhaus, also in Verhältnisse, die seiner Kindheit angewöhnt waren und seinem Buddenbrookblut zusagten. Wohlstand, Eleganz, Repräsentation, nur daß allerdings dieses Haus eines aus Schlesien stammenden Gelehrten, in dem Lenbach drei Generationen von Frauen gemalt hat, allen Musen sehr viel offener stand als das eines Lübecker Kaufherrn und Senators. Imma Spoelmann ist die erste weibliche Figur, die Thomas Mann geschmückt hat, die er einer kleinen verliebten Neigung des Lesers anempfiehlt. Imma Spoelmann hat Intelligenz in ihren schwarzen, fragenden Kinderaugen, zufassende Energie in ihren Kinderhänden, und der geringschätzig verzogene Mund eines verwöhnten Mädchens beginnt schon hier weiblicher und demütiger zu sprechen. Die Kameradin, feingliedrig und fest, hat blauschwarzes Haar und einen Hals wie angerauchter Meerschaum, kurz die Reize einer Brünetten. Das Buch ist von einem glücklichen jungen Ehemann geschrieben, von einem Hans im Glück, der aber nicht leichtfertig sein will und seine Verantwortung gegen seinen Reichtum abwägt. Alles, was Thomas Mann bisher geschrieben hat, handelte von der Einsamkeit, von der Unbehaustheit, von der Zweideutigkeit zwischen Leben und Kunst, von der Not, aus diesem Schwebezustand auf die Erde herunterzukommen und wieder Wurzel zu fassen. Gegen das Ende des Jahrhunderts war Maurice Barrès, Führer der französischen Dekadenz, mit seiner Romanserie „Die Entwurzelten" zu einem aktivistischen Programm übergegangen, durch das die artistisch verträumte, die literarisch individualisierte Jugend zur nationalen Strammheit zusammengefaßt werden sollte. Ein politisches und bewußt offensives Bekenntnis, erste geistige Mobilmachung vor dem Kriege. Thomas Mann, der Unpolitische, strebt von der Vereinzelung des Artistentums, leichter als die Luft, in die Gemeinschaft der Menschen herunter, indem er sich mit Verantwortlichkeit beschwert, indem er nach dem Verfall der einen Familie die neue gründet. Zwei Einsamkeiten werden hier zusammengelegt, damit wieder „innerer Verkehr" entstehe oder die Urzelle sich bilde, die den Gesellschaftskörper aufbaut. Alle Dichtung ist Transfiguration, der Dichter läßt seine Sache von anderen führen, und es kommt für unsere Überzeugtheit darauf an, ob sie eigenlebig und ohne Auftrag für ihn zu sprechen wissen. Warum ein Hofroman und gar ein Liebeshandel zwischen einem Fürsten und einer Dollarprinzessin? Die fürstliche Existenz, der sozialen Bindung entrissen, der brüderlichen Gemeinschaft der Seelen enthoben, ist ein formales, unsachliches, übersachliches, mit einem Wort ein artistisches Dasein. Die Erlösung geschieht durch die Liebe, durch den Willen zur Fruchtbarkeit, die mit der Hingebung anfängt. In dieser erzählten Komödie tritt einmal ein Dichter auf. Der brave Klaus Heinrich, in seinem Fürstentum auch zur Förderung der Musen verpflichtet, steht etwas ängstlich und unsicher vor diesem Herrn Martini, der bei einem Preisdichten mit bacchantischen Liedern an die Freude sich die goldene Busennadel und den silbernen Pokal ersungen hat. Aus dem er aber nicht trinken wird, weil ihm der Wein nicht bekommt und weil er auch sonst Diät halten muß. Die Entsagung, so kommt Herr Martini ins Reden, ist unser Pakt mit der Muse, auf ihr beruht unsre Kraft, unsre Würde, und das Leben ist unser verbotener Garten, unsre große Versuchung, der wir zuweilen, aber niemals zu unserm Heil unterliegen. Herr Martini verliert im Eifer sogar einen Ausdruck wie Hundeleben, doch da wird die Audienz glücklicherweise abgeklopft. Von der Klaus Heinrich keinen sehr angenehmen, und was die Persönlichkeit des Herrn Martini anbelangt, sogar einen etwas widerlichen Eindruck behält. Klaus Heinrich ist auch einmal nicht ohne Demütigung und Beschämung davongekommen, als er sehr jung mit jungen Leuten lustig sein wollte, als sie dem von keiner Distanz Geschützten mit einer so merkwürdigen, fast rachsüchtigen Gier auf den Leib rückten. Damals hat ihn die Geistesgegenwart seines Erziehers, des Dr. Ueberbein, gerettet, des merkwürdigen Mannes aus dem Volke, der für die Bequemlichkeit im bloßen Leben, im Normalen, Warmen des Niedermenschlichen nichts übrig hatte, der ihm eine hohe, entrückte Form geben wollte als ein romantischer Individualist, wenn Klaus Heinrich imstande wäre, solche literarische Bezeichnung aufzubringen. Der Sänger und der Fürst wohnen auf der Menschheit Höhen, aber es wohnt sich nicht gut da oben.

„Das ist ein Märchen, ein lehrhaftes Märchen" — urteilte Hermann Bahr, und damit hatte er die Lebensstimmung bezeichnet, aus der der Roman hervorgegangen ist. Dem er sogar eine marxistische Gesinnung zuschrieb, weil die Menschen hier als Menschenarten auftreten, weil sie sich als Klassenprodukte umschreiben lassen. Das Märchen rechnet nicht mit Individualitäten und der historische Materialismus auch nicht. „Das ist ein Bekenntnis zur Demokratie" — stellte der politische Bruder Heinrich fest, „der Geist läßt sich aus seinem Wolkenthron herab, der Geist will den Fortschritt, das Glück der vielen auf dieser Erde." Sie werden beide recht gehabt haben, indem sie ein Werk loben, das trotz seiner Durchsichtigkeit noch besinnliche Hintergründe übrigläßt. Thomas Mann hat fast zwanzig Jahre später eine Apologie auf die „Wahlverwandtschaften" geschrieben, auf ihre ideelle Konstruktion, die Gestalt und Gedanken ganz als eines gibt, die Eros und Logos in einem Symbol zusammenbringt. Es ist ihm gewiß nicht eingefallen, sich mit Goethe zu vergleichen, aber er hielt sich zu einer Benennung der einzigen Vorzüge dieses in der deutschen Literatur vereinzelten Werkes wohl besonders befugt, weil er auch auf seine Weise versucht hat, mit sinnvoll bewegten Schachfiguren eine hohe Gedankenpartie zu spielen. Die beiden Erzählungen sind Erziehungsromane, sie handeln beide, der eine als Tragödie, der andere als Komödie, von der Ehe, die hier als das Mittel gesetzt wird, um Leben und Kunst zu versöhnen. Der Roman von den Hoheiten, von den Einsamkeiten, die sich im Menschlichen, Dienstbaren, Demütigen vereinigen, hat ein durchaus deutsches Lebensgefühl, wie er romanischen Formsinn hält, im Verhältnis zu der bürgerlichen Behaglichkeit, zu der breiteren Gegenständlichkeit der Buddenbrooks ein sprachlich künstlerischer Fortschritt, eine artistische Spielfertigkeit, die man erst mit Bewunderung abfinden mußte, um dann unter der kühlen weißen Haut die Herztätigkeit der Dichtung zu spüren. Thomas Mann hat kein andres Werk mit solcher Lust geschrieben, mit so beglückter Hand und mit einer Künstlerfreude, vor der sich der hygienische und vor lauter Vorsicht unverheiratete Herr Martini durchaus gehütet haben würde. Für seinen Roman errichtet Thomas Mann ein Großherzogtum, das irgendwo in Deutschland liegt. Seine Einwohner, unbegabt, rückständig, also loyal bis auf die Knochen, würden mit ihrem Talent zur Zufriedenheit sehr glücklich sein, wenn es ihnen etwas besser ginge. Der Dichter erzählt uns die Geschichte des Landes, erklärt die wechselnde Verschuldung, bedauert die steigende Zinslast, den Verfall von Bergbau, Landwirtschaft und Forstwirtschaft, kurz er übernimmt die Sorgen aller Minister des Kleinstaats, die vor einem geduldigen und betrübten Parlament alljährlich die Dürftigkeit des Budgets mit den schamhaften Phrasen von Staatsnotwendigkeiten und Kulturaufgaben zu bekleiden haben. Gerade die Genauigkeit und Vollständigkeit der Übersicht gibt der Szenerie von vornherein die Abgemessenheit eines Schauplatzes, der der Komödie und der Führung der Figuren als möglichst ebener Bretterboden dienen wird. Dieses Irgendwo bleibt ein Nirgendwo, und so soll es auch sein.

Wie der Staat, so der Hof; das fürstliche Haus hat kein Geld, es repräsentiert in einer immer schäbigeren Pracht. Zu regieren bleibt auch nicht viel; das wird von den Ministerien und vom Parlament abgemacht seit dem Tode des noch ziemlich selbständigen und vom Gottesgnadentum anständig überzeugten alten Herrn. In Wahrheit wird das Ländchen weder von dem Staatsministerium noch vom Parlament regiert, sondern von dem Baron Knobelsdorf, einem sehr korrekten Herrn, der aber ein Lächeln hat, ein doppelsinniges, als ob er weniger glaubte als die andren Loyalen und viel mehr wüßte. Es ist dieser liebenswürdige, innerlichst etwas zynische Weltmann, der Klaus Heinrich und Imma, das Gottesgnadentum und das Kapitalistentum zusammenbringen, der dazu die Legende benutzen, die öffentliche Meinung vorbereiten und die beiden Einsamen, Spröden, Gehemmten leise aufeinanderstoßen wird. Der Komödie steht ein solcher Intrigant und Räsoneur wohl an, der übrigens durchaus kein schlechter Mann ist. In dem ganzen Roman gibt es keinen schlechten Menschen, und insofern wären wir wieder im Märchen. Was bleibt der Dynastie in ihrem Verfall unvermindert und unantastbar? Die Liebe des Volkes und der Nimbus der Hoheit. Der junge, kränkelnde Großherzog, der auf kommode Weise möglichst ungestört sterben möchte, denkt auch über diesen letzten Besitz sehr skeptisch, ein dünnblütiger, frierender Dekadent, der seine Hoheit sehr lächerlich und die gemütsvolle Annäherung der Popularität recht unappetitlich findet. Großherzog Albrecht muß sich von seinem jüngeren Bruder in aller Ehrfurcht sagen lassen, daß er ein Aristokrat sei. Dieser Klaus Heinrich, der für ihn regiert und ihm bald nachfolgen wird, begnügt sich mit der dekorativen Scheintätigkeit, weil er ein bescheidener Junge ist, weil er eine Stellung übernimmt, die ihm seine Ahnen angewiesen haben und in der ihn das Volk, das wohl irgendein Recht auf ihn hat, nun einmal sehen will. „Am besten, man denkt erst gar nicht nach und tut gleich seinen Dienst" — sagt später der ihm in Bravheit und Bescheidenheit verwandte Joachim Ziemssen im Zauberberg. Der minder aristokratische Klaus Heinrich hat denselben Rundkopf, dieselben Backenknochen wie die großherzoglichen Untertanen im Allgemeinen, ein Fürst zwar, aber auch ein Sohn des Landes, und so strömt ihm bereitwilliger als dem neurasthenisch schreckhaften Bruder die Liebe des Volkes zu, das gern ein gesteigertes Abbild seines eigenen Wesens verehrt. Klaus Heinrich pflegt mit Pflichtgefühl die Hoheit und die Popularität, da der Dynastie sonst nichts übriggeblieben ist; er hat kein Wissen, keine Meinung, keine Entwicklung, als das vornehmste Dekorationsstück des Landes, das bei feierlichen Gelegenheiten ausgestellt werden muß. Überall wo er gezeigt wird, ist Sonntag, sein Leben ein Feiertag mit der einen Anstrengung des Kostümwechsels. Als der Roman erschien, wurde Thomas Mann auch von fürstlicher Seite mit einer kritischen Anfechtung der Möglichkeit dieser rein dekorativen Existenz in unseren fortgeschrittenen Zeiten beehrt, die schließlich auch die Fürsten in mancher Hinsicht verbürgerlicht und ihr Amt versachlicht haben. Der Dichter hat sich von den Einwänden der Fachmänner weiter nicht anfechten lassen; er brauchte für sein Lustspiel Typen, in die mehr als ein Individuum hineingeht, er spielte seine gedankliche Schachpartie mit Figuren, denen eben nur bestimmte Züge erlaubt sind, und um uns am Ende zu überzeugen, kam es darauf an, daß er selbst die Spielregeln hielt. Es kam auf eine typische Prägung des Fürstenstandes an als einer irrealen Existenz, die über der Wirklichkeit, über allen konkreten Bedingungen des Lebens schwebt. Klaus Heinrich gewinnt jedenfalls auf durchaus nicht erzwungene, sondern auf höchst standesgemäße Weise die rührende Unkenntnis der Welt, die auch älteren Fürsten häufig etwas Kindliches, Ratloses läßt. Es gibt unter ihnen die Möglichkeit primitiver und naiver Menschen, die von allen Berufsarten nur die des Künstlers sonst noch zulassen kann; so lange sie jung sind, liest man diese Einfachheit oder Einfalt aus ihren schüchternen und erstaunten Augen. Respekt, Distanz, Etikette und die Haltung, die jeder lernt, werden später die Befangenheit schützen und eine Unzulänglichkeit decken, die ehrlich empfunden werden kann. Klaus Heinrich gibt seine universale Ignoranz recht freimütig zu. Klaus Heinrich hat nicht einmal ein Laster, aber er hat eine große Tugend; er ist bescheiden, weil er ehrlich ist, und er ist ehrlich, weil er bescheiden ist. Und so kann ihm geholfen werden.

Kein realistisches Sittenbild, sondern ein lehrhaftes Märchen. Der Held wird Hans im Glück und er wird sogar Volksbeglücker, indem er die Braut und die Milliarde heimführt. Um bei der Schachpartie zu bleiben: Thomas Mann läßt in sehr ingeniöser Weise erst die Bauern anrücken, um die Stellung zu entwickeln, dann die Offiziere, bis endlich die Dame gezogen wird. Das Märchen begründet sich aus einem Märchen. Wie jedes anständige Volk hat auch das des Großherzogs seine dynastische Legende. Im Schloßhof steht ein alter Rosenstock von vielbewunderter Schönheit, nur daß die Rosen leider nach Moder riechen. Aber einmal werden sie zu duften anfangen, und dann kommt nach langer Trübsal eine neue glückliche Zeit. Es geht auch ein anderes Raunen von einem Fürsten, der mit einer Hand dem Lande mehr geben wird als alle früheren mit zweien. Klaus Heinrich ist wenigstens mit einer linken verkrüppelten Hand auf die Welt gekommen durch die Ungeschicklichkeit des alten Hofarztes, aber mit einem kleinen Zwang, wie ihn jede Prophezeiung braucht, läßt sie sich auf ihn anwenden, besonders da die Geschicklichkeit des Barons Knobelsdorf sich sogleich mit der begütigenden Auslegung bewährt hat. In der alten bürgerlichen Komödie, wenn die Not am größten war, kam der Vetter aus Lissabon oder der Onkel aus Amerika mit dem großen Portemonnaie, und alle Not hatte ein Ende. Die notleidende Familie ist hier ein ganzes Volk, und der große Wohltäter muß statt der bescheidenen Million von früher schon eine Milliarde mitbringen. Der Deutschamerikaner Mr. Spoelmann, der zur Brunnenkur kommt, der außer seinem Nierenleiden die Milliarde und die Tochter mitbringt, kauft ein verfallendes Schloß des Großherzogs, und neben der alten Dynastie residiert nun eine neue. Ist Imma Spoelmann nicht eine Prinzessin? Sie hat ein Schloß, eine Hofdame, einen Marstall, einen Automobilpark, sie beschenkt Krankenhaus und Kleinkinderbewahranstalt; die glänzenden Livreen ihrer Lakaien werden der Residenz so vertraut wie die schäbigen des Hofes, und der „Eilbote" bezeugt schon der Spoelmannschen Dynastie, von der so viel Segen ausgeht, nicht weniger Aufmerksamkeit und Ergebenheit als dem angestammten Fürstenhaus. Klaus Heinrich, eben weil er bescheiden ist, braucht wenig Mühe, um diese Ranggleichheit anzuerkennen. Imma Spoelmann kann wie er mit niemand verkehren, Vermögen und Lebensart erheben sie über die normale Menschheit; sie hat ihresgleichen so wenig wie er, sie ist Ausnahme, Hoheit, Sinnbild. Was der junge Vanderbilt oder Astor nicht dürfte, erlaubt sich Klaus Heinrich der Prinzregent, ja es wird ihm sogar erlaubt, daß er Imma Spoelmann heiratet, nicht zu der linken verkrüppelten, sondern zur rechten Hand nach einer schleunigen Standeserhöhung, die der Großherzog nach eigenem Souveränitätsrecht vornehmen darf, wie Thomas Mann meint. Aber er hat dieses Fürstentum gestiftet, und wir glauben gern, wo wir wünschen. Herr Spoelmann also, der, obgleich Amerikaner und Republikaner, für Fürsten wenig übrig hat und den jungen Klaus Heinrich als Nichtstuer sehr von oben behandelt, der aber für sein Töchterchen alles tut, bewilligt, von der Mitgift abgesehen, dem notleidenden Staate eine große Anleihe zu kleinem Zinssatz. Der alte Rosenstock duftet wieder, und die Prophezeiung von dem Herrscher mit der einen Hand hat sich erfüllt. Neues Blut durchströmt die gesamte Volkswirtschaft, und das Land atmet auf zu neuem glücklichen Leben.

Auch Klaus Heinrich und Imma werden glücklich sein; er hat sie nicht des Geldes wegen genommen, und sie ihn nicht, um ihr schlankes Persönchen auf einen Thron zu setzen, sondern sie haben sich so allmählich liebgewonnen. Wir brauchen nicht gleich an Shakespeares Romanzen zu denken, die immer mit einer Ehe zwischen zwei ganz jungen Leuten enden, an ein Schäferidyll, eine Waldeinsamkeit, an eine Zauberinsel, wo Prinz Ferdinand Holz schleppen muß, um sich seiner Miranda würdig zu erweisen. Aber nach altem Märchenrecht muß eine Prüfung überstanden werden, wie modern sich auch die neuen Themen und Schulaufgaben ausnehmen. Der Dichter, als ihr Prospero, dem statt des Ariel ein Baron Knobelsdorf zur Verfügung steht, fängt sehr ernst und schön ganz von unten an, indem er die beiden zum ersten Male in einem Kinderkrankenhaus zusammenbringt. Sie dürfen in einem Glase einen entarteten Kehlkopf sehen oder eine krankhaft erweiterte Kinderniere oder im Mikroskop ein paar Punkte, die als die bekannten Bazillen vorgestellt werden. Es ist gut, daß Thomas Mann die beiden Prüflinge nicht in Tränen aufweicht, daß er sie vielmehr vor dem schreckhaften Mikroskop zu einem schwierigen Etikettenstreit über das Recht des Vortritts veranlaßt, daß die großen Augen des Mädchens den Mann spöttisch ansehen wegen seiner dekorativen Hilflosigkeit und auch etwas vorwurfsvoll, als ob er da noch irgendwie verantwortlich sei. „Wie kann man Vertrauen zu Ihnen gewinnen", sagt Imma, „der Sie keine Meinung, keinen Glauben haben, der Sie Kälte und Befangenheit verbreiten?" So hat sich Tonio Kröger wohl auch gefragt, wenn er nicht so gefragt worden sein sollte.

Sehr zaghaft wirbt Klaus Heinrich im Gefühl seiner Unzulänglichkeit, sehr zähe widersteht Imma mit einem Spott, den sie gegen ihr Scheinleben so gut wie gegen das des Prinzen kehren könnte. Aber schließlich findet er sie, genau gerechnet an dem Tage, da er aus einem nicht mehr schonungsvollen Vortrag des Hausministers die bis dahin geziemend verschleierte Tatsache des Staatsbankrotts erfährt, da er sich sehr erschreckt einige dicke ernsthafte Bücher kauft, um sich über Dinge zu belehren, die ihn längst hätten angehen müssen. Die sehr viel hellere Imma würdigt diesen neuen Ernst der Lebensführung, die wissenschaftlichere hilft ihm bei seinen Studien, und es geschieht wohl über einem dicken, ernsthaften Buche, daß ihre Herzen und ihre Lippen sich finden. „An diesem Tage lasen sie nicht weiter." Das übrige der Veranstaltung, bis die Hochzeitsglocken jubeln, wird der unsichtbaren Regie des Barons Knobelsdorf anvertraut. Der Dichter entgeht der sentimentalen Verwässerung und der banalen Verflachung, indem er sich ernst und sachlich wie ein Zeremonienmeister benimmt und diese Sachlichkeit wieder ironisiert. Indem er mit Hilfe des Staatsanzeigers und des Eilboten zur öffentlichen Meinung, zur enthusiastischen Fama wird, so daß sich das Geschehnis, einmal in Gang gebracht, nur noch spiegelt. Auf ironische Glashelle, auf espritvolle Facettierung, auf Sprödheit und Geschliffenheit kam es ihm an, damit der „vernünftige Zauber" wirksam sein konnte. Der Roman von Hoheit, Geld und Liebe ist eine geistreiche Veranstaltung, aber die eines redlichen Geistes, der sich eine höhere Lebensform, eine strengere Lebensformel wahrlich nicht nur erdacht hat. Dieses Kunstspiel ist ein Blumenopfer, ein sehr ernstes Opfer, von einem Manne gebracht, der die Götter beschwichtigt, der sich gegen die Hybris wehrt, indem er aus dem Glück, das noch kein Beweis von Menschenwert ist, eine Verpflichtung macht.

DER TOD IN VENEDIG

„Der Tod in Venedig" ist eine Meisternovelle, ein Stück edelster deutscher Prosa, von der jeder Satz ein Kristall; die Geschichte vom Leben und Sterben des Schriftstellers Gustav Aschenbach ist das vollkommenste, geschlossenste Werk, das ein großer Stilist unsrer Bewunderung übergeben hat. Nach dem Blumenopfer eine Marmorsäule, steil aufgerichtet, streng gegliedert, aber das ganz zum Kunstmaterial erhöhte Gestein hat Adern und Nerven, hat immer noch Atmung. Die tragische Geschichte des Schriftstellers, in der Thomas Manns Prosa sich noch schärfer als sonst spannt, in der sie, Perioden wie Strophen bauend, keiner gemütlichen Neckerei nachgibt, ist die einzige, die sich nicht in Deutschland abspielt, die eines entfernteren dekorativen Schauplatzes bedarf und die auch seelisch in entlegenere Kulturperioden, in überlieferte Kultvorstellungen zurückreicht. Es ist das einzige Werk von Thomas Mann, das, wenn auch mit nordischem Auge, nach dem Süden, nach dem gefährlichen Süden sieht, der dem Tonio Kröger mit seiner Bellezza eher peinlich als verführerisch erschienen war. Gustav Aschenbach, der den Eros leibhaftig sehen wird, ist ein gesteigerter und gehärteter Tonio, älter, sicherer, reifer, und darum dem Untergange näher. Auch dieses Werk schrieb ein glücklicher junger Ehemann, schrieb es in den Jahren der vollsten männlichen Entfaltung, da die Reife noch den Flor der Jugend hat. Ein Mittagsgespenst ist dem Dichter erschienen: Was sind Erlebnisse, was kann schon Erlebnis sein? Fragen, Möglichkeiten, Vergleichungen, Versuchungen, Untersuchungen — bin ich fest, stehe ich fest und nicht über Abgründen? Da muß man wohl hinuntersehen, sich dem Schwindel aussetzen. Der helle Mittag, wenn die Sonne einschläfert, gibt schlimme Träume.

„Es ist sicher gut, daß die Welt nur das schöne Werk, nicht auch seine Ursprünge, nicht seine Entstehungsbedingungen kennt; denn die Kenntnis der Quellen, aus denen dem Künstler Eingebung floß, würde sie oftmals verwirren, abschrecken und so die Wirkungen des Vortrefflichen aufheben." So heißt es von Aschenbach, da er kurz vor seinem Tode die zwei bewunderten Seiten über die tödliche Macht des Eros schreibt. Thomas Mann selbst hat in eigener Sache zu oft gegen diese Verwahrung gehandelt, als daß sie für uns verbindlich sein sollte. Eine neuere Literaturauffassung, die unter dem Patronat eines in Einsamkeit entrückten Meisters steht, verbietet allerdings solche Nachforschungen, die einem Werk anderen als göttlichen, selbstgewollten Ursprung zumuten und die den Schaffenden in eine engere Umgebung als die der Unendlichkeit einschränken wollen. Wie ich sehe, hat sich aber dieses Dogma einer unbefleckten Empfängnis des Dichters nicht halten können, schon weil es an dem Widerspruch des größten und des bescheidensten Deutschen zerbricht, der den ganzen Wicht nicht Original nennen, nicht als Absolutes anerkennen wollte. Wir glauben die Lebensstimmung, die ein Kunstwerk von unglaublicher Festigkeit der Gestaltung hervorbrachte, ungefähr bezeichnet zu haben, und wir dürfen wohl hinzufügen, daß ein Werk nicht selten ein anderes als Ergänzung, als Gegenstimme hervorruft, ein heiteres ein tragisches, oder ein tragisches ein heiteres. Thomas Mann fühlte sich aufgerufen, die Geschichte einer Leidenschaft zu schreiben, die durch ihr Übermaß alle Widerstände, alle Sicherungen der Persönlichkeit bricht, die eine bedeutende, durch Leistung bestätigte, durch den Erfolg hochgeführte Existenz bedroht. Das Problem einer Entwürdigung durch Leidenschaft, durch Hingebung, Selbstaufgebung hat ihn gelockt oder bedroht.

> Mir ist das All, ich bin mir selbst verloren,
> Der ich noch erst den Göttern Liebling war;
> Sie drängten mich zum gabeseligen Munde,
> Sie trennen mich und richten mich zugrunde.

In dieser Stimmung erschien ihm das Bild des Greises, der nach einer bedrohlichen Krankheit, in gefährlich erneuter Jugend vor einer netten unbedeutenden Siebzehnjährigen kniet, das Bild des berühmten Badegastes, der, von großen Herren und schönen Frauen fürstlich umgeben, kein höheres Glück kennt, als das Badeandenken der „Schwestern", das böhmische Rubinglas, an die Lippen zu drücken. Des großen Forschenden, der Urgestein anklopfend Naturgeheimnis nachstammelt, und der seinen Schicksalsspruch aus zwei erstaunten unwissenden Mädchenaugen lesen will. Ihm erschien das Bild des Greises, des „Apapa", der seinen Enkeln von der Badereise viel Pfeffernüsse mitzubringen versprochen hat, der seinen Freund den Fürsten als Freiwerber gegen die Mutter des fast sechzig Jahre jüngeren Mädchens vorschickt und der durch seine Heiratspläne in häßliche Verwicklungen mit seiner Familie verstrickt wird. Wir verdanken dieser Tragödie spätesten Johannistriebs die Marienbader Elegie, das erlebteste, das in strenger Formenhülle immer noch gefühlsnackteste Gedicht der Weltliteratur, in dem ein Mensch von göttlichem Ansehen, ein nur noch von Verehrung zu Erreichender sich Eros dem Allbesieger im Streit mit frommer Widerstandslosigkeit ergibt. Als das Drama sich an Ort und Zeit abspielte, waren aber auch die Satyrn nicht unbeteiligt, bis der Tor, bis der verliebte alte Mann, den wiedergrünender Trieb fast das Leben gekostet hätte, die von ihm gepriesene Weisheit der Entsagenden wiederfand. Wenn Thomas Mann einer mit Entwürdigung bedrohten Leidenschaft nachsann, so mag ihn besonders die von Ulrike bestätigte Szene tragikomisch erschüttert haben, wie ein Vierundsiebzigjähriger im Ehrgeiz der Verjüngung mit den Mädchen um die Wette läuft und dabei kläglich zu Fall kommt, ein großer Hans, der erste Mann seiner Zeit.

Thomas Mann sann diesem Abenteuer nach und fand schließlich, daß es für ihn nicht gut sei. Wahrscheinlich schon deshalb nicht, weil ihm die Geschichte zu viel vorgeschrieben hatte, und vielleicht auch, weil er mit dem, der selbst sein Erlebnis zur Dichtung machte, in einen Wettkampf hätte eintreten müssen, den kein Sterblicher wagen darf. Thomas Mann überzeugte sich, daß er das erotisch-pathologische Problem aus der Geschichte, noch dazu aus einer Geschichte, die den Schluß der Resignation hat, wieder näher an sich heranziehen, daß er ihm einen Schriftsteller aussetzen mußte, den er mehr nach dem eigenen Bilde formen konnte. Und über dessen Leben und Sterben er Gewalt hatte, da seine Stimmung ihm von vornherein eine tragische Lösung gebot. Thomas Mann weiß früher, was seine Figuren ihm sagen werden, was in ihrer Rolle stehen wird, als wie sie in ihrer individuellen Ausstattung aussehen. Als er im Jahre 1911 von Gustav Mahlers zu frühem Tode las, hatte er für seinen Aschenbach nicht nur den Vornamen, sondern auch die tragische Maske des großen Musikers, das zerfurchte Gesicht unter der hohen, gebirgigen, an den Schläfen grau umrahmten Stirn, den großen, nackten, schlaffen, dann plötzlich schmalen und gespannten Mund, vor allem das im Verhältnis zu einer fast zierlichen Gestalt etwas zu schwere, leidend seitwärts geneigte Haupt, das von bedeutenden Schicksalen gezeichnet schien. Während der Dichter auf die Begegnung harrte, auf die symbolhafte physiognomische Entdeckung, die ihm die Wirklichkeit niemals schuldig blieb, verlegte sich ihm das Problem selbst, das sich als das der zerstörenden und entwürdigenden Leidenschaft aufgegeben hatte. Wenn er ein erotisch-pathologisches Motiv in dämonischer Schreckhaftigkeit abwandeln wollte, so mußte er ihm eine Passion unterlegen, die auf jeden Fall gefährlich ist, die dem modernen Menschen unerlaubt, verwerflich scheint. Indem Thomas Mann dem Aschenbach die gleichgeschlechtige, die uneingestehbare Neigung der Knabenliebe auferlegte, konnte er die Einsamkeit des Schriftstellers noch einmal tragisch isolieren, konnte er seinem Zusammenbrechen eine großartige Stummheit geben. Diese doppelte Vereinsamung, diese seelische und künstlerische Notwendigkeit, das stolze Opfer eines besonderen Falls rein im Verkehr mit sich selbst zu halten, verlangte nach einer fremden und zugleich bedeutenden Umgebung. Der Schauplatz der Tragödie mußte mit einem Wort romantisch, und er mußte der Spiegelung im Geiste einer alten Kulturepoche fähig sein. Thomas Mann wurde auch hier nicht im Stich gelassen. Als er sich während eines schwülen Spätsommers rein zur Entspannung in Venedig und am Lido aufhielt, las er in österreichischen Zeitungen, daß die Cholera in die Lagunenstadt eingerückt sei, trotz allen Vorsichtsmaßnahmen, die wie üblich von den Behörden noch mehr gegen die Ausbreitung des Gerüchts als gegen die der Krankheit ergriffen worden waren. Damit hatte er auch den fruchtbaren Moment einer mittätigen Situation, einer allgemeineren, auch psychisch wirksamen Katastrophe, damit gewann er einen Vorteil wie Heinrich von Kleist im „Erdbeben von Chile", das nicht nur die Erde, sondern um das Liebespaar auch alle menschlichen Verhältnisse in Aufruhr bringt, das Abgründe von Bestialität aufreißt, wie es Gipfel des Heroismus auftürmt. Als der Dichter während seiner Ferienzeit diese Notiz las, hatte er den „Tod in Venedig" beisammen, den Helden des Problems, nach so merkwürdiger Transfiguration, in einen Raum gestellt, der die Tragödie bedeutend einrahmte, und in ein fabelhaft spannendes Zeitmoment versetzt, von dem die Katastrophe abschnellen konnte.

Der berühmte Schriftsteller Gustav Aschenbach, seit seinem fünfzigsten Geburtstage Gustav von Aschenbach, der sehr korrekt in der Prinzregentenstraße zu München wohnt, ist wie Tonio Kröger von Familie, Nachkomme von Offizieren und Beamten, die sich von Generation zu Generation altpreußische Zucht, Strammheit, Anspruchslosigkeit vererbt haben. Aschenbach, der Mann, kündigt dem moralischen Nihilismus, mit dem er einmal die Jugend verführt hat, der Sympathie mit dem Abgrund, der Schlaffheit des Allesverstehens, Allesverzeihens, ein durch seinen Ruhm, durch das allgemeine Vertrauen Verpflichteter, der auf seine Art der Gemeinschaft, dem Staatswesen so streng, so opfernd wie seine Vorfahren dient.

Der Mann von fünfzig Jahren fühlt Unbehagen, Übermüdung, Leere. Eine Entspannung, also eine Reise empfiehlt sich; Gustav Aschenbach gerät durch ein Ungefähr nach Venedig oder vielmehr, er wird nach Venedig, er wird in seinen Untergang gelockt. Der Abgrund, den er durch seinen Ruhm verdeckt, durch seine Leistung erfüllt zu haben glaubte, tut sich giftig atmend auf, sendet Gespenster, Vorboten, die mit neckisch-schaurigen Gebärden den Weg weisen. In der sicheren Stadt München, vor dem Portikus des Nördlichen Friedhofs, trifft ihn aus farblosen Augen der Blick eines Wanderers, der trotz Joppe und Rucksack und Bergstock nicht dahin gehört, herausfordernd, lockend, fortziehend. Ist die gleichgültige Begegnung nach einem Augenblick des Stutzens verschwunden, steht eine Landschaft da, exotisch, verwuchert, sumpfig, dumpfig, üppig und ungeheuer, verlockend und erschreckend. Auf dem Dampfer nach Venedig übermütige junge Leute, darunter der eine, der künstlich ist, Jüngling mit falschen Zähnen, mit Perücke, mit geschminkten Wangen und mit Greisenhänden. Die jungen Leute dulden und erwidern ohne Widerwillen seine neckischen Rippenstöße. Wie ging das zu? Das alles läßt sich nicht mehr gewöhnlich an — Entstellung der Welt ins Sonderbare und träumerische Entfremdung. Dann der Gondoliere, der sich des Reisenden gegen seinen Willen bemächtigt: „Ich fahre Sie gut!" Und der mit seiner Gondel verschwunden ist, bevor er sich bezahlt gemacht hat.

„Ein schlechter Mann, ein Mann ohne Konzession, gnädiger Herr. Es ist der einzige Gondoliere, der keine Konzession besitzt." Die alten Griechen pflegten ihren Toten eine kleine Münze mitzugeben, damit sie richtig über den Styx gesetzt wurden. Charon war ein ehrlicher alter Fährmann, er hatte seine Konzession vom Hades. Die Beobachtungen und Begegnungen des Einsam-Stummen, so heißt es hier, sind zugleich verschwommen und eindringlicher als die des Geselligen, seine Gedanken schwerer, wunderlicher und nie ohne einen Anflug von Traurigkeit. Bilder und Wahrnehmungen, die mit einem Blick, einem Lachen, einer Mitteilung leicht abzutun wären, beschäftigen ihn über Gebühr, vertiefen sich im Schweigen ... Einsamkeit zeitigt das Originale, das gewagt und befremdend Schöne, das Gedicht. Einsamkeit zeitigt aber auch das Verkehrte, das Unverhältnismäßige, das Absurde und Unerlaubte. So der Zustand eines eleganten, korrekten, leicht erholungsbedürftigen Fremden am Lido, so der Zustand des Dichters, des Bildners, der sich von einer ungeheuren überwachsamen Aktivität entspannt, der sich für eine Weile von einer fast mönchischen Disziplin der geistigen Exerzitien dispensiert hat.

Aschenbach sieht den vollkommen schönen Knaben, dessen Sprache er nicht versteht, ein Kunstwerk der Natur selbst, die nach vielen Versuchen das absolut Richtige der Proportionen, den stummen Klang der Harmonie gefunden zu haben scheint, wie griechische Statuen es uns glauben machen. Schön ist, was selig ruhet in sich selbst — sagt der Pastor Mörike, der zugleich ein Grieche war. Der Knabe hat das Lächeln des Narziß, das göttliche Lächeln, das die Menschen nicht ertragen und das die Götter den Sterblichen nicht erlauben. Der Künstler sieht, was er geschaffen hat, erkennt an der göttlichen Form des Leibes das Maß, die Zucht, die Ordnung, die Genauigkeit, die seine Gedanken marmorkühl und marmorhart gebildet haben. Die Geschenke der Götter sind gefährlich. Thomas Mann, mit dem Schriftsteller Aschenbach wetteifernd und ihn an edler Enthaltsamkeit erreichend, vermeidet es, zwischen dem schauend hingegebenen Manne und dem spielenden Knaben irgendeine banal vertrauliche Beziehung anzuknüpfen. Der bekümmerte Gedanke vereinsamt wie die unbekümmerte Schönheit. Die Gestalt des Knaben, mit ihrer vollkommenen Abgemessenheit in die Luft gezeichnet, hat keinen anderen Hintergrund als den des Meeres, als den gefährlichen Hintergrund des durch seine Ungemessenheit, Ungestaltheit, durch seine ewige Gegenwärtigkeit Vollkommenen. Hinter der aufgerichteten Form des göttlichen Bildes wallt die Unform, die zuerst war und die alle Gestaltung wieder verschlingen, wieder erlösen wird. Hier spricht der „Inder" Thomas Mann, Sohn des Meeres, Zögling Schopenhauers mit seiner Sehnsucht nach Entstaltung, hier spricht der Künstler, der den Traum ins Leere hinaus, der die wollüstige Entlassung des Willens zugleich liebt und fürchtet. Der Abgrund beginnt sich aufzutun, zu dem die Taggespenster mit neckischen Gebärden den Weg geführt haben. Es bleibt noch übrig, den Pfad zu schmücken, den ein Dichter geht, der ein Weiser war.

„Nun lenkte Tag für Tag der Gott mit den hitzigen Wangen nackend sein gluthauchendes Viergespann durch die Räume des Himmels, und sein gelbes Gelock flatterte im zugleich ausstürmenden Ostwind." Poseidon der Bläulichgelockte peitscht mit dem Dreizack die schäumenden Rosse gegen das Felsengeröll des entfernten Strandes. Eos die Rosenfingrige erhebt sich vom Lager des Gatten, und das Meer errötet. „Weiße Federwölkchen standen in verbreiteten Scharen am Himmel gleich weidenden Herden der Götter." Die Prosa wird hexametrisch. Gustav Aschenbach, der den Genuß nicht liebt, der immer beunruhigt, unbefriedigt zur nüchternen Mühe des Alltags und des Werkes zurückgekehrt ist, versinnt sich in die märchenhafte Geburtszeit des von der Mutter Asien kaum gelösten Kindes Europa, da die Götter noch die schöne Welt regierten, da sie Elysium verliehen an den Grenzen der Erde, wo das Leben leicht und kampflos ist, ewiger Sommer, der Sonne und ihren Festen geweiht.

Europa wird älter und durchdenkt seine Träume. Die Götter werden zum Göttlichen, zu Ideen, vom Menschen noch einmal geschaffen, der sich das Maß aller Dinge weiß. Man muß nun an die alte Platane denken, zu deren Füßen die lieblichste Quelle des kühlen Wassers fließt, in deren Laub die Zikaden, bis zu ihrem letzten Liede, ohne Speise und Trank sangen, in deren Schatten der alte Sokrates und der junge Phaidros sich hinstreckten, um von der Schönheit und von der Liebe zu sprechen. „Wer aber noch frische Weihe an sich hat und das Damalige vielfältig geschaut, wenn der ein gottähnliches Angesicht erblickt oder eine Gestalt des Körpers, welche die Schönheit vollkommen darstellen, so schaudert er zuerst, und es wandelt ihn eine Furcht an von damals, hernach aber betet er sie anschauend an wie einen Gott, und fürchtete er nicht den Ruf eines allzu heftigen Wahnsinns, so opferte er auch, wie einem heiligen Bilde oder einem Gotte, dem Liebling." So der göttliche Plato. Der Gott ist in dem Liebenden tätig, nicht in dem Geliebten. Eros geistigt den Körper, der ein Schein von drüben, Erscheinung, Erinnerung ist, ein aufbewahrendes Sinnbild des einst Unzertrennten, als es noch keine Sehnsucht gab. So der Traum des Platonikers, der seiner „Idee" begegnet und darum nicht mehr umkehren kann.

„Der Tod in Venedig!" Das „Übel", das aus Rücksicht auf die Fremden nicht bei Namen genannt werden darf, schleicht stumm durch die Gassen. Wo die Cholera auftaucht, ist Zügellosigkeit und Ausschweifung, Bedrohung des Gesetzes, Auflösung geordneter Verhältnisse. Es zieht wie eine dunstige Wolke über die Lagune herüber zum Lido, wo die Fremden in Unkenntnis gehalten werden. Die Zeichen vermehren sich; der Totentanz hebt wieder an. Ein neapolitanischer Bajazzo, karbolduftend, widerlich, schamlos herausfordernd, kriechend und frech gegen die Reichen, die Unbesorgten, erinnert an jene groteske Figur vor dem Münchener Kirchhof, die ihn zuerst auf den dunklen Weg gelockt hat. — „Das Übel in der Stadt, mein Herr? Man desinfiziert Venedig? — Eine kleine polizeiliche Maßnahme gegen die drückende Hitze bei dem lästigen Schirokko!" — Der Liebhaber ist im Besitz des Geheimnisses, das verbrecherischer Egoismus hütet, der Wissende macht sich mitschuldig aus Furcht, das beglückende Idol aus den hungrigen Augen zu verlieren. Die Zügellosigkeit von drüben, Dunst und Brunst fährt in seine Träume. Der fremde Gott, der gottgehaßte Gott, wie ihn der Ödipusdichter schilt, der letzte, der noch Menschenopfer forderte, läßt seinen Triumphzug durch die Sinne rasen mit den kreischenden Flöten, den schmetternden Becken, mit den tiefen Brunsttönen der bockfüßigen Satyrn, mit dem hellen Evoe-Jubel der Mänaden, die den Phallus schwingen, mit der ganzen Rauschparade entblößter Geschlechtlichkeit. So geht es zu Ende; das „Übel" ergreift ihn, weil er nicht mehr widersteht, nicht mehr widerstehen will. Plato hat den Dichter aus dem Staate verbannt. Die Meisterhaltung des Stiles, sagt der moderne Scholiast, ist Lüge und Narrentum. Denn wie sollte der zum Erzieher taugen, dem eine unverbesserliche Richtung zum Abgrunde eingeboren ist? Die auflösende Erkenntnis hat keine Würde und Strenge, die erworbene Form, die wiedergeborene Unbefangenheit führen zu Rausch und Begierde, zu Gefühlsfrevel und Ausschweifung. Der Liebhaber schämt sich seines alternden Körpers, seiner Runzeln und grauen Haare; er verjüngt sich unter den Händen eines Coiffeurs, und mit braunen Haaren, glatten Wangen, himbeerroten Lippen verläßt er den Laden als ein Jüngling, als der Jüngling, der ihn auf dem Schiff mit seiner greisen Albernheit erschreckt hat. So schmückt er sich zum Bacchantenzug, zum Totentanz. Der Meister stirbt, unbewußt seiner Krankheit, gleichgültig gegen Tod und Leben, die Augen auf den Knaben gerichtet, der sorglos am Strande spielt, der im Meer, im Winde, im Grenzenlosen, Haltlosen nach dem andern Ufer zu winken scheint. Eros-Thanatos entführt die Seele, die die Schönheit geschaffen und geschaut hat.

Diese Novelle ist ein stolzes Unternehmen, mit großer Kühnheit unternommen; mit großem Vertrauen geführt auf die Reinheit und Herbheit der adelnden Form. Alle artistischen Versuche der modernen Literatur, die das Wort zu seiner höchsten Souveränität, fähig jeder Herrschaft und Gnade, zu erheben suchen, haben da ihre Vollendung gefunden. Diese Dichtung, nicht aus versucherischem Abenteuer, sondern aus nothaftem Erlebnis, ist eine fromme Beschwörung, ist ein Sühnopfer, das Übermenschliches und Unmenschliches in reiner Flamme aufzehrt.

DER UNPOLITISCHE

Das letzte Werk, das Thomas Mann vor dem Kriege erscheinen ließ, hatte eine Warnung vor der fragwürdigen Rolle des Dichters als Erzieher sein sollen; es war aber mehr und anderes geworden, eine Selbstverbrennung, glänzend genug, um einer Apotheose nicht unähnlich zu sehen. Als der Krieg ausbrach, fand er Thomas Mann mit den Bekenntnissen des Hochstaplers Felix Krull beschäftigt, wiederum mit einer Selbstanalyse, mit einer Bestandsaufnahme, mit einer ironischen Transfiguration, die den Verbrecher für den Künstler einsetzte, die den Mißbrauch des Lebens auf verwandte Veranlagung bezog. Der Krieg fand Thomas Mann also schlecht vorbereitet; er ließ die unzeitgemäße Arbeit liegen, die sich hoffentlich noch vollenden und wahrscheinlich auch als zeitgemäß erweisen wird, solange die europäische Uhr noch geht. Der Krieg fand Thomas Mann schlecht vorbereitet, er hat ihn, wie wohl alle unsre Dichter, überrascht, deren keinem man wie Barrès oder Kipling nachsagen kann, daß er wünschend und vorbereitend mobilisiert habe.

„Der Scharfsinn verläßt geistreiche Männer am wenigsten, wenn sie unrecht haben" — sagt Goethe, und auf diesen Satz mögen sich Heinrich und Thomas geeinigt haben, als sie sich, nach dem Bruderzwist im Hause Mann, im Hause Deutschland wieder einander näherten, als sie nicht zum wenigsten von beiderseitigen Enttäuschungen einander genähert wurden. In diesem Bruderzwist zwischen Heinrich und Thomas Mann muß sich die deutsche Literatur von dem einen, dem Politischen, vorwerfen lassen, daß sie immer unpolitisch gewesen sei, daß sie damit einen Mangel an Sittlichkeit, eine Schwäche des Verantwortlichkeitsgefühls bewiesen habe. In diesem Bruderzwist muß sich die deutsche Literatur von dem ändern, dem Unpolitischen, nachrühmen lassen, daß sie immer unpolitisch gewesen, daß es ihr nur auf menschliche Bildung angekommen sei. Die Idee soll nicht liberal sein, so ungefähr sagt Goethe, sie sei kräftig, tüchtig, in sich selbst abgeschlossen, damit sie den göttlichen Auftrag erfülle, produktiv zu sein. Wo man die Liberalität aber suchen muß, das ist in den Gesinnungen, und diese sind das lebendige Gemüt. Gesinnung aber ist selten liberal, weil sie unmittelbar aus der Person, ihren nächsten Beziehungen und Bedürfnissen hervorgeht. Über diese Rückständigkeit, wenn man sie so nennen will, sind wir nicht weit hinausgekommen; sie hat sich sogar verstärkt oder verdickt seit den Tagen der Klassiker, die alle an einem großen Erziehungswerk gearbeitet zu haben scheinen. Nachdem die Romantik noch den glänzenden Versuch einer Gemeinschaft der Seelen, einer Universalkirche des Geistes gemacht hatte, brach unsre Literatur nur umso weiter auseinander. Dezentralisation war ihre Kraft und ihre Schwäche. Wenn auch in der Wilhelminischen Ära alle Geister sich zur Opposition aufgerufen fühlten, jeder suchte seinen „göttlichen Auftrag" auf die eigene Art zu erfüllen, jeder hatte nur die eigene Macht, so eng oder so weit wie seine Welt, die er mit Gestaltung erfüllen konnte.

„Von sonnigen Energien getragen", so heißt es in Gerhart Hauptmanns Denkrede auf Richard Dehmel und auf eine ganze Generation, „den nationalen Gewinst in allen Pulsen fühlend, wandten wir uns dem allgemein Menschlichen zu, in dem die Gegensätze der Nationen verschwanden und von jeher verschwunden sind. Und getragen von jener sonnigen Welle von Energien wurden wir im rein Menschlichen stark" ... Im rein Menschlichen stark, und gewiß, im Politischen schwach. Man gab Gott, was Gottes ist, und kümmerte sich wenig um das Reich, das für sich bestand mit seinen Generalen und Industriekapitänen und Staatsanwälten und Landräten, das nach Persönlichkeiten, Talenten, Gemütsopfern wenig fragte, nach alledem, was Gneisenau einmal gegen den Staat „die Poesie" genannt hat. Macht und Geist hatten ihre Reiche nebeneinander; die Macht war ungeistig, der Geist schien unmächtig. Die Generation Hauptmanns, Dehmels, Wedekinds war mit Verfolgungen beehrt worden, die dann nachließen, als die Reiche der Gewalt und des Geistes in immer breiterer Trennung auseinander lagen. Das Verhältnis der Geistigen zu dem so fremden Nachbarreich war schließlich das der Ironie, das der spöttischen Ungläubigkeit, als ob etwas nur Mechanisches, nur Materielles, dazu Theatralisch-Bombastisches eigentlich gar nicht existierte oder nicht lange existieren könnte. Nach dem Auftreten Gerhart Hauptmanns, nachdem alle kosmopolitischen Bestrebungen, wie Thomas Mann in seiner späteren Rede auf die deutsche Republik sagte, endlich dieses deutscheste Gesicht hervorgebracht hatten, schien das literarische Klima in Deutschland um einige Grade wärmer geworden. Es war genug Vegetation da, um allein in dieser Welt leben zu können, und sie war auch dicht genug bevölkert, um mannigfaltigen Verkehr des Geistes ohne Inzuchtgefahr zu erlauben. Deutschland drängte zu Europa hinaus, Europa drängte nach Deutschland hinein, wenigstens in dasjenige Deutschland, das fast im Übermaß mit seiner seelischen Gestaltung, mit dem Drang nach seiner inneren Form beschäftigt war. „Kunst war uns kein Klassenzeichen," sagt Meier-Gräfe in einer treffenden Verteidigung, „kein schwächendes Geschmäcklertum, kein Luxus, sondern die einzige Realität, der letzte Altar, das letzte Band um die Menschheit. Kunst war uns Kosmos. Wir glaubten sie zum ersten Male zu entdecken und standen erschüttert nicht nur vor der Schönheit. Die sahen wir kaum. Was uns hinriß, war die menschliche Aufbietung, der gestenlose Heroismus."

Thomas Mann ist mit der Dekadenz in die Literatur gegangen; er war nie mit ihr verheiratet, Artist und Bürger, zwei Welten angehörig, und damit in einer Doppelstellung, die er mit der Meßkunst aller seiner Werke umgangen hat. Wir wissen von einem Menschen genau, in welcher realen Zeit er lebt, wir wissen nicht so bald, in welcher ideellen Zeit er lebt; denn es kommt darauf an, vor welchen Instanzen er sich stellt, vor welchen er seine Rechtfertigung ablegt. Wir haben schon früher gesagt, daß Thomas Mann viel näher bei seinen Vorfahren, den leiblichen, den Buddenbrooks, den geistigen, wie etwa Storm oder Stifter, war, als der Dichter der „Buddenbrooks" und auch des „Tonio Kröger" es wußte. Thomas Mann hat eine Vergangenheit, eine deutsche Vergangenheit, wenn auch der Werdende mit der ganzen europäischen Literatur umgegangen ist. Gesinnungen, um Goethe noch einmal anzurufen, gehen unmittelbar aus der Person, aus ihren nächsten Beziehungen und Bedürfnissen hervor; was das Alter weiß, braucht und soll die Jugend nicht vor der Zeit wissen. Als der Krieg ausbrach, als Thomas Mann mit den „Betrachtungen eines Unpolitischen" in ein inquisitorisches Selbstgespräch, in einen inneren Krieg mit sich selbst geriet, der gerade darum wie ein gereizter Bruderkrieg aussah, da sammelte er begierig alle seine konservativen Tendenzen, um sich darauf zu stützen, in Wahrheit allerdings, um von sehr vielen Abschied zu nehmen. Politisierung des Geistes, literarischer Aktivismus, moderne Demokratie — von alldem hatte er das Stichwort zur Leidenschaft nicht empfangen. Nachdem schon der Naturalismus die Waffen niedergelegt, nachdem neuromantischer Ästhetenkult mit dem Renaissancedolch der Renaissance, dem Galanteriedegen des Rokoko nur gespielt hatte, war Thomas Mann besonders waffenlos aufgetreten. Sein Werk lebt bis heute von keiner Empörung als eine Analyse der inneren Kräfte, das allein aus denselben Kräften seine Synthese gewinnt, und wenn er sich heute, in der einen Hand Novalis, in der ändern Walt Whitman, zur Demokratie bekennt, so meint er, die Mitte zwischen Romantizismus und Aufklärung auf dem deutsch überlieferten Boden der Humanität zu behaupten. Wir etwas Älteren haben ungefähr alle als Marxisten, Revolutionäre und Apostel angefangen, wir hätten uns selbst nicht respektiert, wenn wir nicht im Klassenkampf von dem bürgerlichen Kulturboden heruntergesprungen und auf die andre Seite der Barrikade geklettert wären. Wir fielen von unsren Vätern ab, die wir Bourgeois nannten, wenn wir mit ihnen, schon weil wir an das Gesetz der Vererbung glaubten, auch sehr viel glimpflicher als später die Expressionisten umgegangen sind. Thomas Mann gibt in seiner Rechenschaft zu, daß er, der die Buddenbrooks aus dem Bürgertum ins Artistentum entwickelte, die Modernisierung des deutschen Bürgers zum Bourgeois etwas verschlafen habe. Die patriarchalisch-patrizischen Lebensverhältnisse seiner Vaterstadt haben ihm dieses Problem nicht nahegelegt, und es hat ihm auch später nicht auf den Nägeln gebrannt, da er gegen München und seine immer noch bestehende altdeutsche Mischung von Bürgerlichkeit und Kunstwesen ein freundlichironisches Verhältnis behauptete. Thomas Mann hielt die Mitte in gleicher Entfernung von den beiden neuen Klassen des kapitalistischen Unternehmertums und des Proletariats. Vielleicht wäre es anders gekommen, wenn er seine Entwicklungsjahre etwa in Berlin verbracht hätte, wenn er die neudeutsche trübe Mischung von Kasernierung und Industrialisierung unter der theatralischen Firmenführung des Wilhelminischen Imperialismus nicht hätte übersehen können. Und wenn er mit dem satirisch entblößenden Temperament seines Bruders Heinrich statt eines plastisch-erhaltenden ausgestattet gewesen wäre! Thomas Mann ist verzweifelt deutsch, weil er gar kein Talent zur Abstraktion hat, weil er etwas als organisch Empfundenes nicht in Kategorien zerlegen kann, weil er nicht auf Menschenrechten, sondern auf Menschenwerten besteht, die sich seinem unpolitischen Gesicht nur an individuellen Bildungen erweisbar machen. Volk war für ihn nicht Klasse, nicht Partei, nicht teilbare Meßbarkeit. Volk war für ihn Mythus, war Persönlichkeit.

Mit einem Wort, Thomas Mann hat in dem ideellen Deutschland gelebt, vor einer Auseinandersetzung mit seiner modernen Materialisation durch Schicksal und Anlage gewahrt, und er hat dieses innere Deutschland, das er selbst ist und das ja auch angegriffen war, während des Krieges verteidigt. Der Dichter, nicht anders als Gerhart Hauptmann oder Richard Dehmel, erhob für sein Land den Anspruch, daß es keine geringere Tradition der Humanität als ein andres zu wahren hatte, und er versuchte die geistige Lage Deutschlands mit seiner inneren Bestimmung zur europäischen Mitte zu stabilisieren. Die Polemik mit ihrer weiten Argumentation, die sich gegen den glänzendsten Vertreter des „westlichen Geistes" richtete, war in Wirklichkeit auch zurückgezielt als eine Selbstkritik, besonders hartnäckig in der Behauptung der konservativen Standpunkte, weil sie in einem uneingestandenen Vorgefühl wenn auch nicht nach einer Verleugnung, so doch nach einer innerlichen Umgruppierung verlangten. Die umständlich gewissenhafte Aufräumearbeit der „Betrachtungen" hat Thomas Mann den Krieg, der sein Schaffen lahmte, überstehen lassen. Es war eine Art Katharsis, die ihm die Tragödie einbrachte. Nicht darauf kommt es an, in jedem einzelnen Augenblick recht zu haben, sondern Schicksal zu haben, sich erziehen zu lassen, auch wenn es die Haut kostet, und damit Erzieher zu bleiben. Thomas Mann, der Unpolitische, ist aus dem Kriege als Demokrat, als Republikaner hervorgegangen, konservativ noch immer in der Hinsicht, daß die Republik die Erhaltung des Erhaltungswürdigen, die Rettung deutschen Wesens als eines Gedankens der Menschheit oder der Gottheit bedeutet. Der Staat ist uns zugefallen, nachdem die Mächte abgedankt haben, die das Staatswesen verungeistigten und der nationalen Seele entfremdeten. Der Staat ist in unsre Hände gelegt, in die jedes einzelnen, „er ist unsre Sache geworden, die wir gut zu machen haben, und das eben ist die Republik — etwas andres ist sie nicht". Freiheit ist Verantwortung, ist große Schule der Pflicht. Was wäre der

Dichter, wenn er nicht der Höchstverantwortliche wäre, was sollte sein Talent noch, wenn es nicht Gemeinschaft bildet? Die Republik ist die volkstümliche Einheit von Staat und Kultur. Die Form der Demokratie ist unwesentlich, ihr Inhalt Bekenntnis zur Humanität, Gelübde jedes Volkes in seiner eigenen Sprache, wenn es die Erhaltung der Kulturwelt beschwören will. Thomas Manns politisierter Geist meint nichts andres als den Willen zu Europa, das nicht länger leben kann als seine Gesittung.

DER ZAUBERBERG

Die Literatur der Jugend vor 1914 war voll von Vision und Prophetie; die Jugend begann in Zungen zu reden und verkündete eine Katastrophe, die sie schicksalbereit fast herbeizuwünschen schien. Die Expressionisten oder Aktivisten kündigten jede Beziehung zur Vergangenheit, tapfer genug, eine Unabhängigkeitserklärung auch an die Natur zu richten. Der Mensch ist Schöpfer und nicht Geschöpf; er ist unbedingt, wenn er will. Der Imperialismus des Geistes bemächtigt sich der Kunst, nicht damit sie nachahmend, begründend, untersuchend dem Leben nachgeht, sondern damit sie ihm das Gesetz vorschreibt. Alle noch aus dem Naturalismus herzuleitenden Künstler, die sich der Passivität, der Frömmigkeit, der bildenden Liebe zum Leben schuldig gemacht hatten, waren abgesetzt und ohne viele Umstände beigesetzt. „Jedes Kunstwerk", sagt Goethe, „ist ein Produkt des Geistes" — dieses Wort gab ihnen recht — aber als solches auch ein Produkt der Natur — dieses Wort nahm es ihnen wieder. Thomas Mann spricht einmal von Gottesangst; er hat gelitten, er hat auf die Jahre der Heimsuchung nicht gleich eine Antwort des Dichters bereitgehabt. Die „Betrachtungen eines Unpolitischen", in ihrer Reizbarkeit bis zum Zänkischen streitbar, sind eine Hinhaltung, eine Beschwichtigung gewesen, ein Mittel vor allem, um eine Zeit, die erst heroisch zu rauschen, dann entsetzlich peinigend leer zu laufen schien, mit Geistig-Seelischem, mit Persönlichem zu erfüllen. Die Betrachtungen waren eine Kriegführung, um die nicht allein zu lassen, die da draußen lagen und nichts andres als ihr Leben einzusetzen hatten.

Als der Krieg vorüber war, hat sich Thomas Mann wahrscheinlich wie mancher andre an die Stirn gefaßt und seine Glieder gefühlt: es ist ein Wunder, daß wir noch da sind. Und ist heimgekehrt zu sich selbst, in den engsten Kreis menschlicher Beziehung und Befriedung. Der Dichter Thomas Mann, nach langem Verstummen, nach Jahren geschäftiger Verstörtheit, gab zwei Idyllen aus dem Nächsten und Engsten heraus, „Herr und Hund!" und den „Gesang vom Kindchen", die eine in Prosa, die andre in Hexametern. Damals mochte einer fragen, ob er nichts Wichtigeres zu tun hatte, als uns seine Existenz in geruhiger, vornehmer Bürgerlichkeit zu versichern. Heute sind wir sehr damit einverstanden, daß er einfache Kunde vom Menschlichsten, daß er ein „Lebenszeichen" gab. Die Frage, wo unsre Dichter gesteckt haben, als die Berge wankten, als die Häuser einstürzten, darf heute nicht mehr gestellt werden, und besonders an die nicht, die ihre Muse für Krieg und Revolution nicht sofort in Waffen gesteckt haben. „Was er webt, das weiß kein Weber" — sagt Heinrich Heine. Der Dichter Thomas Mann hatte schweigend gesammelt, auch insgeheim vor sich, und es ist eine reizvolle Vorstellung, daß auch bei einem Manne, der sein Vermögen in Einnahme und Ausgabe so scharf abzuschätzen pflegt, die Rechte nicht weiß, was die Linke tut. Thomas Mann hat den großen Roman, der uns, der aber auch ihn überraschte, mit doppeltem Fug den „Zauberberg" genannt. War sieben Jahre drinnen, ohne daß der Wissende es wußte. Es ging Thomas Mann mit dem „Zauberberg" wie mit den „Buddenbrooks", daß er erst entdeckte, indem er gestaltete, daß das Werk unbekümmert um das ihm zugewiesene Maß aus eigenem Lebenswillen aufwuchs, daß das Geschöpf von tausend kleinen geduldigen Tagewerken sich schließlich höher vor dem Schöpfer aufrichtete, als irgendeine Leiter gereicht hatte. — Groß ist die Diana der Epheser. —

Wie kam der Dichter in den Zauberberg? Im Frühsommer 1913 besuchte Herr Thomas Mann in Davos Frau Thomas Mann, die in einem Sanatorium eine Kur abhielt. Der Aufenthalt des Dichters da oben dauerte nur drei Wochen; als er ihm eine Erkältung einbrachte, wiesen die Alten vom Berge ihm die „feuchte Stelle" nach, die für den Zauberberg reif macht. Thomas Mann zog es vor, ins „Flachland" sich hinunterzuretten, und zwar mit einem Motiv, von dessen Trächtigkeit und Tragfähigkeit er noch keine Vorstellung hatte. Das Leben da oben, die buhlerische Mischung von Krankheit und Vergnügen, die Faszination durch den Tod, wollte er aufs Komische stellen und mit einem runden kleinen Satyrspiel abfinden. Dazu konnte er keinen schweren Helden brauchen, sondern nur einen harmlosen jungen Menschen, der den geistig-sinnlichen Verführungen des Totentanzes mit unbefangener Erfahrungslosigkeit ausgesetzt wird. Der junge Mann brauchte einen Gegenspieler, einen rationalistischen Ethiker, der dem Gefährdeten mit Vernunft und Sittlichkeit zuredet. Diesen Settembrini als komische Figur hatte Thomas Mann bereits in seinem Vorrat. Jahre vorher war er in einem Schweizer

Sanatorium einem italienischen Literaten, einem liebenswürdigen Schwadroneur, begegnet, der an der Menschheit weder eine feuchte noch eine dunkle Stelle leiden wollte. Madame Chauchat, die Hans Castorp, einem unbedeutenden jungen Mann, zu seinen genialen Erkenntnissen verhelfen wird, lernte Thomas Mann in Davos selbst kennen; es war die Russin etwas unbestimmter Herkunft, die mit dem Frauenberuf, leidend, aber nicht allzu leidend zu sein, pikant und weich durch die europäischen Bäder schwebt.

Der Held des Satyrspiels steht nun schon zwischen Ost und West, zwischen träumerischer Unform und begrifflicher Bestimmtheit, auf einem Schauplatz des Gedankens, der später noch einen dunklen Hintergrund gewinnt durch eine spanische Reise, die Thomas Mann 1923 während der Arbeit an dem Roman unternahm. Die Epoche Philipps II., die absolutistischste Europas, die repräsentativste, die schwarz gekleidete, die noch irgendwie dem Hans Castorp den Sinn für das Zeremoniell hinterlassen hat, bringt dann, den Leo Naphta hervor, den die ausgreifende Dialektik des Romans gegen den Fortschrittsmann Settembrini als Fanatiker des Gottesreiches stellt. Die Genialität der Wirklichkeit hat Mann auch hier eine symbolische Physiognomie geliefert, die eines häßlichen kleinen Juden, eines rasenden Theoretikers und stählernen Logikers, der einmal jedes Regime des Absolutismus, des Anti-Individualismus, von der Gegenreformation und dem Jesuitismus bis zur kommunistischen Revolution und dem Leninismus, in einer gefährlich geistreichen Kombination vor ihm verteidigte. Damit waren für die Hauptverhandlung die wesentlichen Stimmen verteilt; es fehlte noch eine, die sich später meldete, die des Lebens, des unbegrifflichen, unrednerischen, sinnlich warmen, instinktvollen und gegenwärtigen, nur vom Impuls geschleuderten Lebens. So zog Mynheer Peeperkorn gewaltig wie Gott Pan in das Satyrspiel ein, ohne hineingezogen zu scheinen, da es sein Amt als reicher Holländer ist, Madame Clawdia Chauchat, auf die Hans Castorp wartet, am Ende der sieben Jahre in den Zauberberg zurückzubringen. Die Fülle der Nebenfiguren lieferte der Schauplatz selbst, von dem ehrliebenden Joachim Ziemssen, der recht unabsichtlich den Vetter Hans Castorp in den Zauberberg lockt, von den mit lustvoller Angst siechenden Patienten bis zu den Magiern der Heilwissenschaft, die nicht ganz weiß und nicht ganz schwarz, die wissend und doch gläubig diesen Totentanz anführen und von ihm verführt werden.

Das Satyrspiel hat sich zu einem Roman von zwei Bänden und über zwölfhundert Seiten ausgewachsen, aber man darf der deutschen Nation nachsagen, daß sie trotz Kino und Radio an ihm wieder lesen gelernt hat. Der Roman hat das Publikum seltsam erregt, und wir werden noch lange davon sprechen müssen, bis wir ruhig mit ihm leben können, bis wir uns einen unvergleichlichen Reichtum an Vorstellungskraft und Bildhaftigkeit, an tiefer Menschlichkeit und weiter Erfahrung, an bohrender Geistesschärfe und seelischer Minierkunst zu Eigen gemacht haben. Bis wir seine Sache ganz als unsre Sache, als die des höchst gefährdeten Europa, begriffen haben, das wieder denken, handeln, leben, das wieder ganz und auf neue Weise persönlich werden soll. Thomas Mann nimmt den Leser von über zwölfhundert Seiten mit einer Vorrede weitausholend in seinen Arm, um ihn in sein Unternehmen, das einmal ein Satyrspiel sein sollte, hineinzunecken. In sieben Tagen wird er ihm die Geschichte von Hans Castorp, übrigens einem unbedeutenden jungen Manne, nicht erzählen können, auch nicht in sieben Monaten, und vielleicht nicht einmal in sieben Jahren. Der Leser wird sich vom Ablauf der bürgerlichen Zeit am besten gar keine Rechenschaft geben, während die Geschichte ihn umsponnen hält. Der Vorredner neckt sich also auch mit der Relativität der Zeit, und das mit vollem Recht; denn es gibt sehr wenige Entdeckungen, die die Dichter, wenn auch auf ihre Weise, nicht vor den Gelehrten gemacht haben. Die Zeit soll sich selbst erzählen, indem sie sich erfüllt, und nur die Fülle, nur die Gründlichkeit kann unterhaltend sein. Ein schönes und ein in unsrer Gegenwart besonders gebotenes Wort. Jeder Dichter hat seine eigne Zeit, der des „Zauberbergs" überdies noch eine andre als der von „Buddenbrooks", wo das Jahr noch dreihundertfünfundsechzig Tage wert war. Wir wissen aus uns, daß es Tage, Wochen, Jahre gibt, die voller Magie, die voll Drang und Zug waren, und daß es andre gibt, in der die verborgene Regierung nichts mit uns vorhatte, in der sie uns vergessen zu haben schien. Ist meine Zeit, wird sich der Dichter, der einmal Tonio Kröger war, gefragt haben, denn eine andre als die meines Volkes, und geht unser Pulsschlag nie zusammen? Habe ich mich aus der Gemeinschaft ausgestoßen, oder hat sie mich ausgestoßen? Die Dichter halten es nicht mehr für anständig, sich in irgendeiner Trösteinsamkeit wohl zu tun; ein Stefan George hat sich den Titel eines Romantikers verbeten mit dem Anspruch, daß auch seine marmornsten Strophen unsre künftigen Schicksale sibyllinisch vorbilden. Wie viel Thomas Manns großer europäischer Roman an Prophetie enthält, läßt sich heute noch nicht ermessen; wir werden ihn alle paar Jahre lesen müssen, und wir sind gewiß, daß wir aus seiner Verzauberung jedes Mal als andre auftauchen werden, weil das Buch zu denen gehören wird, die an unsrer Bildung, im Goetheschen Sinne, mit stiller Unablässigkeit weiterbauen. Noch in der ersten, lustvollen Erregung des Empfangens werden wir uns am Tatsächlichen festhalten müssen, um von Verzauberung und Entführung einen Begriff zu geben.

Verzauberung und Entführung? Thomas Mann hat uns schon in der Vorrede gesagt, daß sein Hans Castorp ein unbedeutender junger Mann sei. Aber bedeutende Romane haben meistens unbedeutende Helden; der feine Autor wird sich immer kleiner machen, gerade wenn von der Zeit, also vom Wachstum und allen stillgeschäftigen Kräften des Lebens die Rede sein soll. Die Castorps sind hamburgische Verwandte der Buddenbrooks, auch sehr angesehene Leute von altgepflegter Bürgerlichkeit. Hans Castorp hat seine Eltern früh verloren, die Onkel oder Vettern wachen über ihm, daß er ordentlich gekleidet, gewaschen, vor allem ernährt wird. Die Onkel und Vettern, die alle gelbe Gummimäntel tragen in einer Atmosphäre von Wasser, Kohle und Teer, lassen ihn Ingenieur werden, auch ein ganz anständiger Beruf, wenn man, noch dazu bei nettem Vermögen, für das Kaufmännische nicht den rechten Sinn zu haben scheint. Hans Castorp ist ein ernster junger Mann; er liebt die tägliche kleine Feierlichkeit der Ernährungszeremonie, die auch seine geschäftigen Vettern beruhigend und verbindlich macht, er liebt am meisten die gelegentliche große Zeremonie des Sterbens und Begrabenwerdens, die die Leute noch stiller und geradezu vornehm macht. Das ist das „Spanische" an ihm, wenn er auch davon nicht mehr weiß, als daß seine Vorfahren einmal ganz schwarz bis auf die weiße Halskrause gegangen sind. Da Hans Castorp, geistig nicht allzu trainiert, sich beim Ingenieursexamen etwas überanstrengt hat, liegt es nahe, daß er seinen jüngeren Vetter Joachim Ziemssen in Davos besucht, der erst seine Lunge in Ordnung bringt, bevor er in die Armee eintritt. Der Zauberberg oder das Sanatorium Berghof liegt fünfzehnhundert Meter hoch in einer dünnen Höhenluft, die das Fieber heilt, aber auch hervorbringt, wenn einer sich die Zeit zur Selbstverbrennung noch nicht gegönnt hat. Thomas Mann arbeitet nicht mit zweckvollen Symbolen, sondern mit Wirklichkeiten, aber die Welt da oben ist an sich eine verkehrte, eine absurde Wirklichkeit, die die niedere, die gewöhnliche Welt, die das „Flachland" verleugnet oder in Frage stellt. Hier wird die Verwesung genossen, das Sterben wollüstig und wissenschaftlich betrieben, Mummenschanz und Totentanz mit künstlich aufgefüllter Lunge, mit dem Thermometer im Mund, mit den pikanten Fieberkurven, die die Exzesse der Blutkörperchen wie auf einer galanten Tanzkarte notieren, mit der Röntgenphotographie des Inneren, durch die man sich wie unter Gespenstern legitimiert. In der Röntgenkammer sieht Hans Castorp schwarz auf weiß Joachims ehrliebendes Herz, und das Skelettbild der eigenen Hand ist der erste Blick in das eigene Grab.

Durch eine sehr genaue, aber notwendige Einführung lernen wir das ganze Sanatorium kennen, mit dem Zynismus der Ärzte, die aber nie ganze Scharlatans sind, mit dem hysterischen Exhibitionismus der Patienten, mit den durch die Phthise erhitzten erotischen Beziehungen, mit den Ausschweifungen müßiger Geister und Seelen auf einer vegetationslosen Höhe, die nur Maßlosigkeiten hervorbringt, die den sozial nicht mehr gebundenen, fast gewichtslos gewordenen Menschen zwischen lauter Superlativen schweben läßt. Dieser Welt werden zwei junge Menschen ausgesetzt, die mit ihren schlichten bürgerlichen Gesichtspunkten kaum mehr als sich wundern können. Thomas Mann hat die große, fruchtbare, höchst menschliche Ironie, die ihn mit Theodor Fontane und Anatole France in die oberste Reihe der Erfahrenen, der Weisen erhebt; er hat sogar die doppelte Ironie, weil diese unerprobten jungen Leute recht unversehens Weisheit abgeben. Hans Castorp ist wenig, und Joachim Ziemssen ist gar nichts, noch nicht einmal Avantageur, nur eine untere und zuverlässige Stufe des Menschlichen. „Ich denke, man tut gleich seinen Dienst und denkt nicht erst nach." Joachim Ziemssen wird wohl aus Bescheidenheit Soldat, weil es da auf Gehorsam und Ehrerbietung ankommt; der gute Junge desertiert ins Flachland, weil er der Schlamperei des überbetonten, sich nur um sich selbst drehenden Ich satt ist, und er stirbt an seinem ersten Manöver. Eine Prachtfigur, Soldat und brav.

Hans Castorp aber bleibt sieben Jahre im Zauberberg, und er lernt da das Denken, das ihn allmählich wieder entzaubert. Der Krieg wirft ihn ins Menschenland hinunter, und der Dichter verläßt ihn in einem Augenblick, den er schwerlich überleben wird. Hans Castorp liegt wahrscheinlich in einem flandrischen Massengrab, liegt dort mit guter Ruhe und mit schönem Recht, weil wir ihm nachsagen können, daß er nach verwirrendem Leben und sehr anstrengendem Denken mit sich fertig geworden ist. Wenn der unbedeutende junge Mann sich allmählich mit Bedeutung füllt, wenn wir, was nur die Magie des Dichters vermag, aus dem Unsren in ihn hineinschöpfen, so liegt es wohl so, daß wir auf vielen, allmählich aus Dunst und Nebel tretenden Wegen mit ihm von dem Abschied nehmen, was man im allerweitesten Sinne noch Romantik nennen kann. Hans Castorp ist Transfiguration von Thomas Mann, umso kunstvoller und kunstwahrer, als sein bescheidenes Gemüt sich nichts davon ahnen läßt, daß er den Weg einer Idee von Thomas und Christian Buddenbrook zu Tonio Kröger, von Klaus Heinrich zu Gustav Aschenbach fortsetzt.

Romantik heißt die Herrschaft des Todes über das Leben, die da oben zu einer Liederlichkeit, zu einer Ausschweifung entartet. Thomas Mann ist unter dem Imperium von Schopenhauer-Wagner aufgewachsen, und Hans Castorp hatte vor dem großen Zeremonienmeister, der uns in die letzte würdigste Maske vermummt, seine Reverenz gemacht, als es ihm noch nicht gelungen war, den Tod im Leben als seine letzte und erste Bedingung unterzubringen. Hans Castorp selbst weiß wenig von Literatur, und er ahnt gar nicht, wie nahe er einem Novalis, einem Ruysbroek als Liebhaber der Verwesung, als mystischer Erotiker kommt. Es gehört zu den großen Feinheiten, zu den künstlerisch lohnenden Enthaltungen des Werkes, daß die bewußten, die literarischen Standpunkte nur an die Figuren abgegeben werden, die den Wachsenden umgeben und einredend an ihm zu formen suchen. Fertig dürfen nur helfende Figuren sein.

Da ist der entzückende Settembrini, Sohn von Voltaire und Enkel von Virgil, der Literat der Zivilisation, des Fortschritts, der Rhetor, der sehr romanisch aus dem schönen Wort die schöne Tat herausschlägt. Da ist der vielleicht etwas zu interessante Leo Naphta, dessen Vater noch die Thora küßte, ein ganzer Jesuit und ein ganzer Kommunist, für einen Terror schwärmend, der einmal die Inquisition war und jetzt die Diktatur des Proletariats sein soll. Indem man den Menschen umbringt, bringt man ihn am besten zum Göttlichen zurück. „Die Betrachtungen eines Unpolitischen" hatten die Begriffe Kultur und Zivilisation mit einer Schroffheit auseinandergerissen, die sich in dieser selbstquälerischen Polemik nur aus der Erregung des Krieges, aus Empörung und Verletzlichkeit erklären ließ. Kultur ist da Geschlossenheit, Form, Stil, Haltung, Geschmack, nie geistige, nur seelische Organisation. Kultur verträgt Orakel, Sklaverei, Menschenopfer, Inquisition, schwarze Magie und Päderastie, verträgt alle Laster und Verbrechen. Zivilisation ist nur Vernunft, Aufklärung, Sänftigung, Sittigung, Auflösung, triebfeindlich, seelenschwächend, antiheroisch und antidämonisch. Die Kunst steht nur auf Seiten der Kultur, Ausströmung einer heißeren, tieferen, dunkleren Welt; mit ihrer metaphysischen Inspiration kann sie den Fortschritt nicht wollen, dem sie noch jeden Fanatismus und Aberglauben vorziehen muß.

Das war der Standpunkt oder vielmehr der Kriegsruf eines Romantikers, der seinem Volke statt des kahlen Freiheitsbegriffs stärkere seelische Bindung wünschte, eines Erbitterten, tragisch Geängstigten, der sich nun zur Mitte findet und zu mehr als einem Verständigungsfrieden bereit zeigt. Der Zivilisationsliterat ist in Settembrini zu einer außerordentlich reizvollen Figur geworden, zum Träger einer gewinnenden Humanität, die mit einer naiven Art von Gläubigkeit auch wieder rühren kann. In seinem Gegner Naphta, der dem Settembrini das lange geistige Duell liefert, der das wirkliche durch seinen Selbstmord abbricht, haben sich Thomas Manns Argumente für eine Kultur überhitzt und überspitzt, die sich eher mit dem Terror als mit dem Fortschritt verträgt, die das klassenlose Gottesreich so gut unter Papst Gregor wie unter Lenin erfüllt findet. Mit einer sehr gefährlichen Logik ist Naphta nicht weniger Literat als Settembrini, er ist der Zusammengesetztere, der mehr Erhitzung braucht, um die Gegensätze zusammenzuschweißen, er ist mit allem seinem Temperament der Künstlichere, wenn es auch einleuchtet, daß der jüdische Renegat den Katholizismus als die objektivere, den Jesuitismus als die aristokratischere Lebensform ergreift, daß der Sohn des Schächters, an Blut gewöhnt, sich in den Dienst einer mystisch grausamen Weltregierung stellt. Naphta ist lüstern nach einer Katastrophe, nach dem heiligen Terror, der die Menschheit von ihrer radikalen Skepsis erlöst, und wenn es sie das Leben kostet.

Hans Castorp, um den der Geist als Rationalismus und als Mystizismus buhlt, wird kein Literat, aber er lernt im Zauberberg das Denken; von Fieber verwirrt, aber auch getrieben und gesteigert, ertappt er sich in verschämter Bescheidenheit da oben auf Erkenntnissen, die er sich in der Wirklichkeit des Flachlands nicht hätte träumen lassen. Jeder da oben hat seine feuchte Stelle, aber sie wissen damit nichts Rechtes anzufangen. Der gründliche Hans philosophiert sich tief in den eignen Leib hinein, von da in den größeren des Universums, in die Materie, die durch Verwesen west, die er schließlich als Sündenfall des Geistes begreift. Der Begriff des Lebens benimmt ihn wie sein Fieber, eine infektiöse Erkrankung der Materie, die immer zum Bösen, zur Lust, zum Tode will. Hans Castorp geht nicht von der Literatur aus, sondern von der pathologischen Anatomie, die seiner realistischen Schulung auch näher liegt, und er bringt es zu einer wollüstigen Dämonie, die ihn den ganzen fortgesetzten Sündenfall des Lebens an der eignen Haut, im eignen Protoplasma spüren läßt. Wenn der nüchterne und bedächtige junge Mann von seiner „feuchten Stelle" aus in die feinsten Ausschweifungen mystischer Erotik gerät, so wird man verstehen, daß er verliebt ist und daß er dahin gerät, von wo er heimlich ausgegangen war, nämlich in die schönen Arme der Madame Clawdia Chauchat, die die Krankheit seiner Seele oder die Seele seiner Krankheit ist.

Die außerordentlich geführte, die seltsamste Liebesgeschichte der modernen Literatur wollen wir nicht nachbuchen, wir wollen ihr nur nachrühmen, daß die abenteuernde, die gewährende und doch immer entgleitende Slawin zu einem Symbol wird, ohne ein Geringstes von ihrer Wirklichkeit, von einer sogar banalen Existenz aufzugeben. Die lässige Russin mit den starken, rötlichblonden Flechten, mit dem weichen Gang, dem eigentümlichen, vorgeschobenen Kopf, das ist die Unbestimmte, die in ihre Triebe und Zustände Aufgelöste, die Auflösung bringt. Die Frau mit den weichen Armen hat den Geist der Leidenschaft als des wohlvertrauten flüssigen Elements, in dem sie etwas undinenhaft zu Hause ist, und Hans Castorp, den die steigende Fieberkurve begeistert, wird einmal ihr würdiger Partner in dem glänzenden, französisch geführten Gespräch, das mit spiritualisierter Wollust über ziemlich bedenklichen Sumpfstellen plätschert und das modergenährte Giftblumen aus der Verwesungsgemeinschaft von Verlangen und Tod herauflockt. Clawdia Chauchat ist die Liebe, die nervenstreichelnd ans Rückenmark geht, ist das Narkotikon des in Willenlosigkeit hineinschmeichelnden Ostens. Clawdia ist die Venus im Zauberberg, die Faszination der Krankheit als der unzüchtigen Form des Lebens. Es war schon gesagt worden, daß die Russin, auf die der verzauberte Hans Castorp fast sieben Jahre wartet, den Mynheer Peeperkorn mitbringt, der ihr einzig gewachsen ist: laut und gefräßig, gewaltig und despotisch, verschwenderisch und gütig, rein und stark im Gefühl, ungemessen und unbeschränkt durch bloße Begriffe, mystisch überzeugend durch seine noch elementare Undeutlichkeit, kurz, das anfängliche, heidnische, sich selbst als Wert setzende Leben, oder was man heute Vitalismus nennen würde. Mynheer Peeperkorn, der nur aus dem Gefühl stark sein kann und mit der Krankheit nicht umgehen will, macht auf großartige Weise mit sich ein Ende; der große Pan ist tot, und das Satyrspiel verblaßt ins letzte Nächtliche, Schattenhafte, wenn etwa Hans Castorp, mit schwachen Händen die Regierung übernehmend, den Geist seines ehrliebenden Freundes Joachim bei einer kläglichen spiritistischen Sitzung zurückruft. Es scheint vielleicht ein Zuviel, wenn seine Materialisation, mit einem Stahlhelm geschmückt, die drohende Weltwende anzeigt. Symbole an sich sind hier nicht umgegangen. Die Menschen sind alle wirklich, und wenn auch die bescheidenen bedeutend werden, so geschieht das aus gemeinsamer innerer Leuchtkraft, weil in allen der Geist tätig ist, der Geist eines großen Realisten, was immer einen großen Phantasten bedeutet. Thomas Mann hat sich in jeder Hinsicht hoch hinaufgewagt, ohne bergkrank zu werden, und er hat uns auf seine Höhe mitgenommen, von der wir nun Übersicht gewinnen. Der reif gewordene Mensch kann ja nicht anders, als sich symbolische Erlebnisse schaffen und das Müssende im Vergangenen, das Formbildende in der schicksalhaften Veranlagung anerkennen. Alle großen Romane sind Dokumente zur Morphologie des Menschen. Hans Castorp hat den „genialen Weg" gewählt, um das Leben zu verstehen, und er hat die beiden Enden schließlich in die Hand bekommen, an denen seine beiden eifernden Freunde, der Literat des Fortschritts und der Wollüstige des Absoluten, jeder nach seiner Seite, gezogen hatten. Der Mensch soll die Gegensätze begreifen und beherrschen: vornehmer als der Tod ist die Freiheit des Kopfes, vornehmer als das Leben die Frömmigkeit des Herzens. Nach einer außerordentlichen Ausgabe an Geist klingt das gar nicht originell und sehr nach einem Kompromiß. Oder sagen wir lieber, nach einem Ausgleich. Aber was kann das Leben anders sein als ein Ausgleich? Originell genug schien es im Zauberberg, wo immer die höhere Fieberkurve das größere Privileg gibt: ich bin kränker als Sie. Jetzt kommt es darauf an, gesund zu sein. Der gute Europäer ist der des Willens, ist der gesunde Europäer. Nietzsche marschiert mit der Demokratie. Dieses Werk ist eine Überwindung; es beginnt abendlich mit einem Totentanz und endet morgendlich mit einem Weckruf des Lebens. Jede Reveille hat einen nüchternen, hellen, ermutigenden Klang.

Es ist ein weiter Weg von den „Buddenbrooks" bis zum „Zauberberg", ein höchst persönlicher und zugleich schicksalhafter aus der Einsamkeit zur Gemeinschaft. Große Romane sind immer große Bekenntnisse gewesen, ein Abschluß und ein Wiederanfangen, das sich durch die Zustimmung von uns allen bekräftigt. Solche Werke, die uns persönlich aufrufen, sind einigend, sind erziehend, und das Beste, was unsre Literatur vermocht hat, ist ja immer, der Erziehungs- oder der Bildungsroman gewesen. Bildung ist erfüllte, ist persönlich gewordene Zeit, ist Wachstum auch im Ablegen, im tragischfruchtbaren Verlieren, und man möchte sich einen großen Roman kaum noch vorstellen, der sich nicht auch „Verlorene Illusionen" nennen könnte und der dann nicht, wenigstens von weitem, auch eine „Pädagogische Provinz" erkennen ließe. In Thomas Mann streitet nicht mehr der Künstler mit dem Bürger, nicht mehr der Geist mit dem Leben; auf einer gewissen Stufe des Alters und der Reife, die rein literarische oder artistische Probleme unter sich läßt, will der Künstler zum Weisen werden. Wie ist dieser Thomas Mann gewachsen, wie ist sein Geist zu einer Macht geworden und seine Kunst zu einem tiefen Spiel, das Leben einsetzt und wieder gewinnt!

Keine Metamorphose des Geistes, sagt Thomas Mann, ist uns besser vertraut als die, an deren Anfang die Sympathie mit dem Tode, an deren Ende der Entschluß zum Lebensdienste steht. Die europäische Zeitwende ist auch seine Schicksalswende gewesen, der Durchbruch aus dem Ästhetentum zum Positiven, zum Volk, zum Staat. Diese Minierarbeit hat mit seinem ersten Werk begonnen, als er sich in den untersten Schacht menschlicher Bedingtheit hineingrub. Von dem Problem der Erziehung, von der pädagogischen Idee erreichte der Dichter die Sphäre des Sozialen, die den Kunstbau des Staatlichen, der wollenden, sittlichen Gemeinschaft trägt. Durch Poesie entsteht nach dem schönen Worte von Novalis fühlende und tätige Verbundenheit, die innigste Gemeinschaft des Endlichen im Unendlichen. Wer ist ein Meister? Der uns leben hilft. Wer kann uns helfen? Nicht der Mann der Partei, der Gründe, der fertigen Antwort, sondern der Gefragte, der Versuchte, der Erschütterte, der unter den Gründen Grund gefaßt hat. Wir achten an Thomas Mann wie an wenigen den Geist hoher Verantwortlichkeit, nicht nur der artistischen, die kein Wort ohne die letzte Prägung aus einer harten Schmiedekunst entläßt, sondern der menschlichen, die für das Metall der Gesinnung einsteht. Ein großer Stilist sein, heißt wohl Talent und den Charakter des Talents haben. Wer beides hat, muß es sich sauer werden lassen. Das nach außen so befestigte, abgemessene Leben von Thomas Mann ist ein Schicksal, zugleich ein deutsches und ein europäisches, ist der harte Dienst, der allein noch Führerschaft einbringt. Wir sehen auf Thomas Mann als auf eine Spitze europäischen Geisteslebens; wir stützen uns auf ihn als auf einen Beauftragten deutschen Wesens, der unser Erbe an Humanität verwaltet, der unsern Anteil am brüderschaftlichen Besitz des Menschen vermehrt. Deutschlands Geltung beruht in diesem Augenblick der Weltgeschichte auf seiner geistigen Leistung, auf der Bewährung seiner inneren Kräfte. Wir grüßen den fünfzigjährigen Thomas Mann als einen betrauten Führer, den sein Volk braucht, als einen Meister, den Europa bewundern gelernt hat. Wir grüßen den Dichter, der, immer tiefere Wurzel im Leben fassend, ein Weiser wird, mit der frohen Zuversicht, daß ein mannhaftes Wachstum von stiller Bereicherung, von strenger Entsagung, sich noch reiche Fruchtfolge vorbehalten hat.

ANHANG

Thomas Mann siebenjährig
mit Heinrich Mann und jüngeren Geschwistern

Thomas Mann zehnjährig
mit Heinrich Mann und jüngeren Geschwistern

Thomas Mann sechzehnjährig
mit Heinrich Mann und jüngeren Geschwistern

Jugendzeichnung von Thomas Mann

Jugendzeichnung von Thomas Mann

Thomas Mann im Jahre 1900
(Entstehungszeit der „Buddenbrooks")

Das Buddenbrookhaus

Lübeck um 1830

Das Rathaus in Lübeck

Elisabeth Mann
(im Roman „Toni Buddenbrook")

Der Urgroßvater Mann
(im Roman „Johann Buddenbrook")

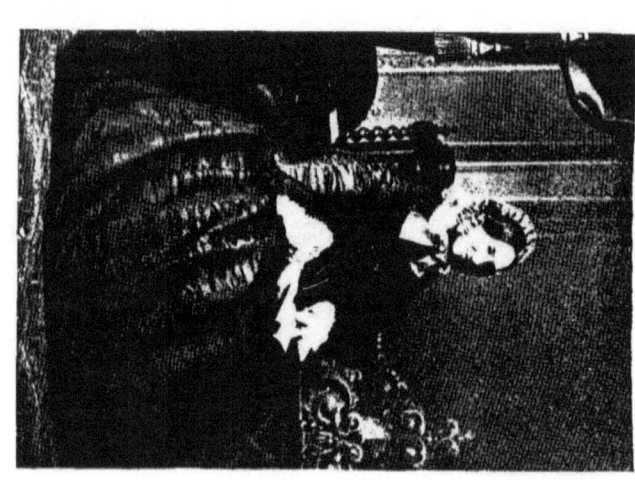

Die Großmutter Elisabeth Mann, geb. Marty
(im Roman „Bethsy Buddenbrook")

Der Großvater Konsul Johann Sigmund Mann
(im Roman „Johann Buddenbrook")

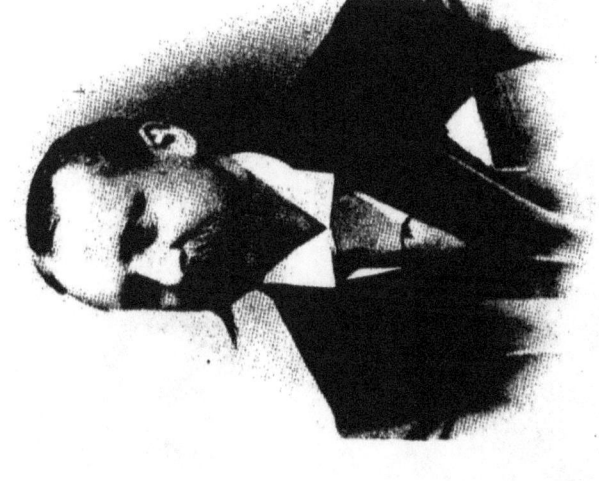

Der Vater Heinrich Mann
(im Roman „Thomas Buddenbrook")

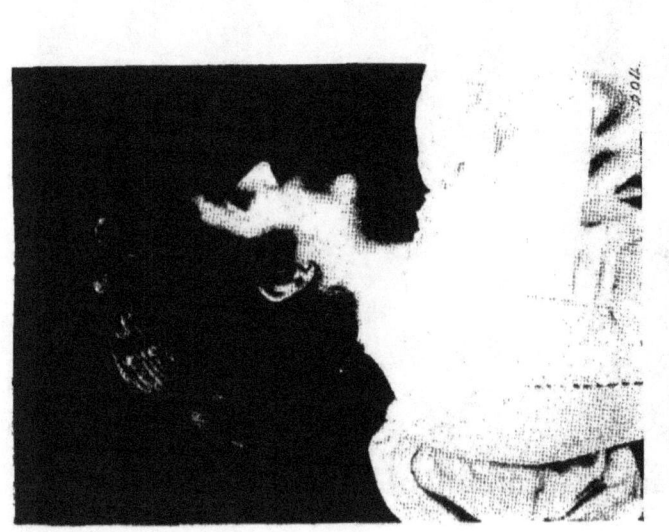

Die Mutter des Dichters

Die Brüder Heinrich und Thomas Mann 1905

Thomas Manns Heim in München

Die Gattin des Dichters im Münchner Heim

Der Dichter mit dem „Kindchen"

Editorische Notiz:

Der Text der vorliegenden Edition folgt der Ausgabe:
Arthur Eloesser: Thomas Mann – Sein Leben und sein Werk,
Berlin 1925.
Die Orthographie wurde behutsam modernisiert, grammatikalische Eigenheiten bleiben gewahrt. Die Interpunktion folgt der Druckvorlage.

Bisher im SEVERUS Verlag erschienen:

Achelis. Th. Die Entwicklung der Ehe * **Andreas-Salomé, Lou** Rainer Maria Rilke * **Arenz, Karl** Die Entdeckungsreisen in Nord- und Mittelafrika von Richardson, Overweg, Barth und Vogel * **Aretz, Gertrude (Hrsg)** Napoleon I - Briefe an Frauen * **Ashburn, P.M** The ranks of death. A Medical History of the Conquest of America * **Avenarius, Richard** Kritik der reinen Erfahrung * Kritik der reinen Erfahrung, Zweiter Teil * **Bernstorff, Graf Johann Heinrich** Erinnerungen und Briefe * **Binder, Julius** Grundlegung zur Rechtsphilosophie. Mit einem Extratext zur Rechtsphilosophie Hegels * **Bliedner, Arno** Schiller. Eine pädagogische Studie * **Blümner, Hugo** Fahrendes Volk im Altertum * **Brahm, Otto** Das deutsche Ritterdrama des achtzehnten Jahrhunderts: Studien über Joseph August von Törring, seine Vorgänger und Nachfolger * **Braun, Lily** Lebenssucher * **Braun, Ferdinand** Drahtlose Telegraphie durch Wasser und Luft * **Büdinger, Max** Don Carlos Haft und Tod insbesondere nach den Auffassungen seiner Familie * **Burkamp, Wilhelm** Wirklichkeit und Sinn. Die objektive Gewordenheit des Sinns in der sinnfreien Wirklichkeit * **Caemmerer, Rudolf Karl Fritz Die** Entwicklung der strategischen Wissenschaft im 19. Jahrhundert * **Cronau, Rudolf** Drei Jahrhunderte deutschen Lebens in Amerika. Eine Geschichte der Deutschen in den Vereinigten Staaten * **Cushing, Harvey** The life of Sir William Osler, Volume 1 * The life of Sir William Osler, Volume 2 * **Eckstein, Friedrich** Alte, unnennbare Tage. Erinnerungen aus siebzig Lehr- und Wanderjahren * **Eiselsberg, Anton Freiherr von** Lebensweg eines Chirurgen * **Elsenhans, Theodor** Fries und Kant. Ein Beitrag zur Geschichte und zur systematischen Grundlegung der Erkenntnistheorie. * **Engel, Eduard** Shakespeare * **Ferenczi, Sandor** Hysterie und Pathoneurosen * **Fourier, Jean Baptiste Joseph Baron** Die Auflösung der bestimmten Gleichungen * **Frimmel, Theodor von** Beethoven Studien I. Beethovens äußere Erscheinung * Beethoven Studien II. Bausteine zu einer Lebensgeschichte des Meisters * **Fülleborn, Friedrich** Über eine medizinische Studienreise nach Panama, Westindien und den Vereinigten Staaten * **Goette, Alexander** Holbeins Totentanz und seine Vorbilder * **Goldstein, Eugen** Canalstrahlen * **Griesser, Luitpold** Nietzsche und Wagner - neue Beiträge zur Geschichte und Psychologie ihrer Freundschaft * **Hartmann, Franz** Die Medizin des Theophrastus Paracelsus von Hohenheim * **Heller, August** Geschichte der Physik von Aristoteles bis auf die neueste Zeit. Bd. 1: Von Aristoteles bis Galilei * **Helmholtz, Hermann von** Reden und Vorträge, Bd. 1 * Reden und Vorträge, Bd. 2 * **Kalkoff, Paul** Ulrich von Hutten und die Reformation. Eine kritische Geschichte seiner wichtigsten Lebenszeit und der Entscheidungsjahre der Reformation (1517 - 1523), Reihe ReligioSus Band I * **Kerschensteiner, Georg** Theorie der Bildung * **Krömeke, Franz** Friedrich Wilhelm Sertürner - Entdecker des Morphiums * **Külz, Ludwig** Tropenarzt im afrikanischen Busch * **Leimbach, Karl Alexander** Untersuchungen über die verschiedenen Moralsysteme * **Liliencron, Rochus von / Müllenhoff, Karl** Zur Runenlehre. Zwei Abhandlungen * **Mach, Ernst** Die Principien der Wärmelehre * **Mausbach, Joseph** Die Ethik des heiligen Augustinus. Erster Band: Die sittliche Ordnung und ihre Grundlagen * **Müller, Conrad** Alexander von Humboldt und das Preußische Königshaus. Briefe aus den Jahren 1835-1857 * **Oettingen, Arthur von** Die Schule der Physik * **Ostwald, Wilhelm** Erfinder und Entdecker * **Peters, Carl** Die deutsche Emin-Pascha-Expedition * **Poetter, Friedrich Christoph** Logik * **Popken, Minna** Im Kampf um die Welt des Lichts. Lebenserinnerungen und Bekenntnisse einer Ärztin * **Prutz, Hans** Neue Studien zur Geschichte der Jungfrau von Orléans * **Rank, Otto** Psychoanalytische Beiträge zur Mythenforschung. Gesammelte Studien aus den Jahren 1912 bis 1914. * **Rohr, Moritz von** Joseph Fraunhofers Leben, Leistungen und Wirksamkeit * **Rubinstein, Susanna** Ein individualistischer Pessimist: Beitrag zur Würdigung Philipp Mainländers * Eine Trias von Willensmetaphysikern: Populär-philosophische Essays * **Sachs, Eva** Die fünf platonischen Körper: Zur Geschichte der Mathematik und der Elementenlehre Platons und der Pythagoreer * **Scheidemann, Philipp** Memoiren eines Sozialdemokraten, Erster Band * Memoiren eines Sozialdemokraten, Zweiter Band * **Schweitzer, Christoph** Reise nach Java und Ceylon (1675-1682). Reisebeschreibungen von

deutschen Beamten und Kriegsleuten im Dienst der niederländischen West- und Ostindischen Kompagnien 1602 - 1797. * **Stein, Heinrich von** Giordano Bruno. Gedanken über seine Lehre und sein Leben * **Strache, Hans** Der Eklektizismus des Antiochus von Askalon * **Thiersch, Hermann** Ludwig I von Bayern und die Georgia Augusta * **Tyndall, John** Die Wärme betrachtet als eine Art der Bewegung, Bd. 1 * Die Wärme betrachtet als eine Art der Bewegung, Bd. 2 * **Virchow, Rudolf** Vier Reden über Leben und Kranksein * **Wecklein, Nikolaus** Textkritische Studien zu den griechischen Tragikern * **Wernher, Adolf** Die Bestattung der Toten in Bezug auf Hygiene, geschichtliche Entwicklung und gesetzliche Bestimmungen * **Weygandt, Wilhelm** Abnorme Charaktere in der dramatischen Literatur. Shakespeare - Goethe - Ibsen - Gerhart Hauptmann * **Wlassak, Moriz** Zum römischen Provinzialprozeß * **Wulffen, Erich** Kriminalpädagogik: Ein Erziehungsbuch * **Zoozmann, Richard** Hans Sachs und die Reformation - In Gedichten und Prosastücken, Reihe ReligioSus Band III

www.ingramcontent.com/pod-product-compliance
Lightning Source LLC
Chambersburg PA
CBHW032105300426
44116CB00007B/893